Felix Scheinhardt

Modellierung von Compliance in Geschäftsprozessen

Eine strukturierte Literaturanalyse

Bibliografische Information der Deutschen Nationalbibliothek:

Bibliografische Information der Deutschen Nationalbibliothek: Die Deutsche Bibliothek verzeichnet diese Publikation in der Deutschen Nationalbibliografie; detaillierte bibliografische Daten sind im Internet über http://dnb.d-nb.de/ abrufbar.

Copyright © 2017 Diplomica Verlag GmbH
Druck und Bindung: Books on Demand GmbH, Norderstedt Germany
ISBN: 9783961166459

http://www.diplom.de/e-book/370605/modellierung-von-compliance-in-geschaeftsprozessen

Felix Scheinhardt

Modellierung von Compliance in Geschäftsprozessen

Eine strukturierte Literaturanalyse

Diplom.de

Inhaltsverzeichnis

I   Abkürzungsverzeichnis

ARIS...................................Architektur integrierter Informationssysteme

BPML...................................Business Process Modelling Language

BPMN...................................Business Process Model and Notation

EPK...................................Ereignisgesteuerte Prozesskette

eEPK...................................erweiterte EPK

FCL...................................Formal Contract Language

GPM...................................Geschäftsprozessmanagement

GVK-PLUS...................................gemeinsamer Verbundkatalog mit Online Contents

LTL...................................Linear-Temporale-Logik

OPAC...................................Online Public Access Catalogue

RS...................................Rückwärtssuche

SOX...................................Sarbanes-Oxley-Act

II   Abbildungsverzeichnis

III   Tabellen- und Formelverzeichnis

Abstract

Die Einhaltung von externen und internen Compliance-Richtlinien ist für Unternehmen von immer wichtigerer Bedeutung. Die Gründe hierfür sind zum einen die Vermeidung von Strafen, die Unterbindung von Wirtschaftskriminalität, sowie die Effizienzsteigerung von Prozessen und ein positiver Stakeholder-Dialog.

Compliance-Konformität ist jedoch für Akteure oft mit erheblichem Aufwand verbunden. Eine Compliance-Management-Lösung muss implementiert, aktualisiert und stetig in den Geschäftsprozessen des Unternehmens umgesetzt werden, welche ebenso ständigen Änderungen unterliegen.

Eine probate Lösung für dieses Problem kann die direkte Integration der Compliance in Geschäftsprozesse sein. Somit verschmelzen beide Systeme und es entfällt der (Synchronisierungs-)Aufwand, die Fehlerwahrscheinlichkeit sinkt und die Compliance-Konformität kann durch externe Audits besser geprüft werden.

Dieser Ansatz soll in der vorliegenden Arbeit untersucht werden. Hierzu werden vier Forschungsfragen gestellt, welche durch die Methode der strukturierten Literaturanalyse beantwortet werden.

In der ersten Forschungsfrage wird untersucht, welche Compliance-Sichten auf Geschäftsprozesse existieren, die man bei einer Integration in Geschäftsprozesse beachten muss. Dabei zeigt sich, dass es sowohl konzeptorientierte, als auch inhaltsorientierte Compliance-Sichten gibt, die zu berücksichtigen sind.

Die zweite Forschungsfrage zielt auf die Suche nach Integrationsansätzen von Compliance in Geschäftsprozessen in der Literatur ab, für welche im Rahmen der dritten Forschungsfrage eine geeignete Klassifikation erarbeitet werden soll. Für die sechs gefundenen Ansätze wird hierzu im Ergebnis ein Klassifikationsschema mit vier Kriterien entwickelt.

Abschließend wird im Rahmen der vierten Forschungsfrage für jede identifizierte Compliance-Sicht und für jeden gefundenen Implementierungsansatz die Umsetzbarkeit in ARIS 9.8 mittels Ereignisgesteuerter Prozessketten (EPK) untersucht und bewertet. Dabei ist festzustellen, dass sich alle Compliance-Sichten und fast alle Integrationsansätze sinnvoll umsetzen lassen und zudem einen Mehrwert für die Modellierung der Compliance-Sichten bieten.

1   Einleitung

Neben dem Ziel eines effizienten, reibungslosen und ökonomisch ertragreichen Geschäftsablaufes stehen Unternehmen und Organisationen aller Branchen zunehmend auch regulatorischen Anforderungen gegenüber, die von verschiedenen Stakeholdern ausgehen.[1] Beispiele für Compliance-Anforderungen sind Gesetze, Vereinbarungen oder Zertifizierungsrichtlinien, welche sowohl obligatorisch als auch freiwillig sein können. In jedem Fall bedürfen diese einer geeigneten Umsetzung, da bei Nichteinhaltung, insbesondere der gesetzlichen Vorgaben, erhebliche Sanktionen drohen können.[2]

Durch das Interesse der Stakeholder an der Vermeidung von Geschäftsrisiken ist ein Unternehmen dazu angehalten die Einhaltung von Compliance im täglichen Handeln sicherzustellen. Das tägliche Handeln wiederum wird durch die Unternehmen mit Geschäftsprozessen organisiert und operationalisiert. Aus diesem Grund empfiehlt sich eine gemeinsame Betrachtung dieser beiden Bereiche. Dies ist nach zur Mühlen et al. im situativ vergleichbaren Risikobereich auf zwei Arten möglich, wie in Abbildung 1 dargestellt wird.[3]

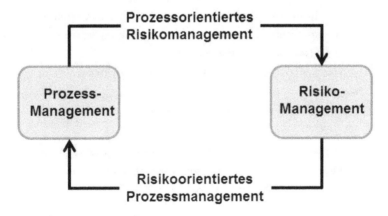

Abbildung 1 Bezug zwischen Prozess- und Risikomanagement[4]

---

[1] Vgl. Schumm et al. (2010), S. 325.
[2] Vgl. ebenda.
[3] Vgl. zur Muehlen et al. (2005), S. 2.
[4] In Anlehnung an Zur Mühlen et al. (2005), S. 2.

Einerseits kann ein geschäftsprozessorientiertes Compliance-Management betrieben werden, indem Geschäftsprozesse an der Compliance ausgerichtet werden. Andererseits kann ein Compliance-orientiertes Geschäftsprozessmanagement betrieben werden, indem Compliance an Geschäftsprozessen ausgerichtet wird.[5] In dieser Arbeit wird die letztere Variante betrachtet.

In der Literatur gibt es verschiedene Ansätze wie Compliance in Geschäftsprozessen modelliert werden kann. Diese unterscheiden sich hinsichtlich ihrer Art und Weise. Awad et al. (2012) beschreiben zwei Herangehensweisen, um Compliance mit Geschäftsprozessen zu verbinden.[6] Eine Variante ist es Geschäftsprozesse gleich von Anfang an unter Compliance-Vorgaben zu designen.[7] Alternativ können bei sog. *validation* Ansätzen existierende Geschäftsprozesse gegen Compliance-Anforderungen geprüft und Verstöße identifiziert werden.[8]

Das Ziel dieser Arbeit folgt dem ersten der beiden vorgestellten Ansätze nach Awad et al. und besteht in der Klassifikation von Ansätzen zur Modellierung von Compliance in Geschäftsprozessen. Dabei sollen folgende Forschungsfragen beantwortet werden:

1. Welche Elemente müssen bei der Modellierung von Compliance in Geschäftsprozessen berücksichtigt werden, ergo welche Sichten der Compliance auf Geschäftsprozesse gibt es?
2. Welche Ansätze gibt es zur Modellierung der identifizierten Compliance-Elemente?
3. Wie lassen sich die gefundenen Ansätze aus Forschungsfrage 2 klassifizieren?
4. Ob und wie können die identifizierten Compliance-Sichten in ARIS 9.8 unter Verwendung von EPKs umgesetzt werden und wie können die Ansätze aus Forschungsfrage 2 dabei unterstützen?

Um diese Forschungsfragen zu erarbeiten, wird eine strukturierte Literaturanalyse in Anlehnung an vom Brocke et al.[9] und Webster und Watson[10] durchgeführt.

---

[5] Vgl. Zur Muehlen et al. (2005), S. 2.
[6] Vgl. Awad et al. (2012), S. 714.
[7] Vgl. ebenda.
[8] Vgl. ebenda.
[9] Vgl. Vom Brocke et al. (2009), S. 1-13.
[10] Vgl. Webster / Watson (2002), S. 13-23.

Webster und Watson definieren diese als eine wichtige Grundlage einer wissenschaftlichen Arbeit, mit der es möglich ist bereits existierende Erkenntnisse darzulegen und im Anschluss daran aufzuzeigen, in welchen Bereichen weitere Forschung angestrebt werden sollte.[11]

Die Möglichkeiten zur Umsetzung der identifizierten Compliance-Sichten und ihre Modellierungsansätze in ARIS 9.8 werden anhand einer ARIS-Installation geprüft.

Die Arbeit ist dafür wie folgt strukturiert: In Kapitel 2 werden zentrale Begriffe zum Thema Compliance, Geschäftsprozessen und Architektur integrierter Informationssysteme (ARIS) erläutert, auf denen die Ausführungen der jeweiligen Kapitel aufbauen.

In Kapitel 3 wird die erste Forschungsfrage beantwortet. Dazu werden zu Beginn das Vorgehen und die Ergebnisse der Literaturrecherche dargelegt und im weiteren Verlauf die einzelnen Compliance-Sichten vorgestellt.

Kapitel 4 umfasst die Literaturrecherche zur zweiten Forschungsfrage. Es werden zudem die identifizierten Ansätze aus der Literatur vorgestellt, worauf basierend in Kapitel 5 die dritte Forschungsfrage beantwortet wird, indem eine Klassifikation der Ansätze zur Modellierung von Compliance in Geschäftsprozesse erstellt wird.

In Kapitel 6 erfolgt im Rahmen der vierten Forschungsfrage die Untersuchung der identifizierten Compliance-Sichten und Integrationsansätze hinsichtlich ihrer Modellierbarkeit in ARIS Architect & Designer 9.8.

Abschließend erfolgt in Kapitel 7 eine Schlussbetrachtung mit einer kritischen Würdigung der Ergebnisse und einem Ausblick auf weitere Forschungsfragen.

---

[11] Vgl. Webster / Watson (2002), S. 13.

2 Zentrale Begriffe der Arbeit

In diesem Kapitel werden zunächst grundlegende Begrifflichkeiten und Zusammenhänge erläutert, welche den Forschungsfragen zu Grunde liegen. Zwei elementare Begriffe sind in diesem Zusammenhang die Geschäftsprozesse und die Compliance.

Diese beiden Themen sind elementare Bereiche der informationellen Steuerung eines Unternehmens und sind, sowohl in Bezug auf finanzielle, als auch effizienzorientierte Unternehmensziele, von hoher Bedeutung. Wie genau diese beiden Thematiken definiert und charakterisiert werden können und in welcher Beziehung sie zu einander stehen, wird in den folgenden Absätzen beschrieben.

Da sich der letzte Teil der Arbeit der Umsetzung der identifizierten Compliance-Sichten und Integrationsansätze mit dem ARIS Architect & Deisgner 9.8 widmet, werden hierzu, im dritten Teil dieses Kapitels, die nötigen Grundlagen vermittelt.

2.1 Geschäftsprozesse

Geschäftsprozesse werden in der Literatur unterschiedlich definiert, wobei je nach Definition verschiedene Merkmale herausgestellt werden.

Hammer und Champy definieren einen Geschäftsprozess beispielsweise als „Bündel von Aktivitäten, für das ein oder mehrere unterschiedliche Inputs benötigt werden, und das für den Kunden ein Ergebnis von Wert erzeugt.".[12] Die Autoren verdeutlichen demnach vor allem einen wertschöpferischen Aspekt von Geschäftsprozessen.[13]

Eine etwas komplexere Definition aus einem anderen Blickwinkel liefert Staud in seiner Definition: "Ein Geschäftsprozess besteht aus einer zusammenhängenden abgeschlossenen Folge von Tätigkeiten (Aktivitäten), die zur Erfüllung einer betrieblichen Aufgabe notwendig sind. Die Tätigkeiten werden von Aufgabenträgern in organisatorischen Einheiten mit ihrer Aufbau- und Ablauforganisation unter Nutzung der benötigten Produktionsfaktoren geleistet."[14] Diese Definition verdeutlich den Aspekt, dass Geschäftsprozesse oft auch abteilungsübergreifend

---

[12] Hammer / Champy (1995), S. 52.
[13] Vgl. Hammer / Champy (1995), S. 52.
[14] Staud (2006), S. 9.

oder querliegend zu der klassischen Organisationstruktur positioniert sein können. Das ist aus der Sicht der Compliance bedeutend, da Mitarbeiter verschiedener Abteilungen unter Umständen verschiedene Berechtigungen hinsichtlich des Zugriffs auf Informationen haben können. Beispielsweise könnten Organisationsmitglieder der Abteilung „Produktion" keine Berechtigung besitzen, Informationen über den Gewinn eines Produkts zu erhalten. Diese Regeln müssen dann innerhalb eines Geschäftsprozesses beachtet werden.

Zuletzt definieren Becker und Schütte im Hinblick auf die Architektur einen Geschäftsprozess als "die inhaltlich abgeschlossene, zeitliche und sachlogische Folge von Aktivitäten, die zur Bearbeitung eines betriebswirtschaftlich relevanten Objekts notwendig sind."[15] Diese Definition hebt besonders den Aspekt hervor, dass ein Geschäftsprozess ein gerichteter Graph mit einem klaren Start- und Endpunkt ist.

Die verschiedenen Merkmale, durch welche die Geschäftsprozesse in den obigen und anderen Definitionen charakterisiert werden sind nach Staud folgende:

- Die Ziele von Geschäftsprozessen leiten sich aus den Unternehmenszielen ab.
- Ein Geschäftsprozess besteht aus mehreren, zeitlich und inhaltlich geordneten, betrieblichen Aktivitäten.
- Die einzelnen Aktivitäten werden teilweise durch Mitglieder verschiedener Organisationseinheiten ausgeführt.
- Für die Ausführung der Geschäftsprozesse sind Ressourcen nötig (Zeit, Geld, Personal).
- Geschäftsprozesse nutzen oft Informationsträger (z.B. eine Kundenakte, oder eine Bestellung).[16]

Neue Anforderungen an ein Unternehmen oder neue technische Möglichkeiten, zum Beispiel Produktionsverfahren, sind nur eine Ursache, weswegen Geschäftsprozesse einem stetigen Wandel unterliegen. Auch damit Unternehmen flexibel auf Marktsignale reagieren können, ist es erforderlich, die vorhandene

---

[15] Becker / Schütte (2004), S. 107.
[16] Vgl. Staud (2006), S. 7 ff.

Struktur und Ausrichtung von Geschäftsprozessen möglichst schnell anzupassen.[17] Auch ohne eine externe Motivation bieten die stetige Weiterentwicklung und Umgestaltung von Geschäftsprozessen ein großes Verbesserungspotential hinsichtlich der Effizienz und der damit verbundenen Prozesszeiten und –kosten für Unternehmen.[18]

Damit derartige Anpassungen von Geschäftsprozessen einheitlich und strukturiert umgesetzt werden können, ist ein aktives Geschäftsprozessmanagement nötig. Dieses definiert Becker wie folgt: „Das Geschäftsprozessmanagement als Mittel zur prozessorientierten Unternehmensgestaltung befasst sich mit dem Dokumentieren, Gestalten und Verbessern von Geschäftsprozessen und deren IT-technischer Unterstützung."[19]

Geschäftsprozesse werden in der Regel mit verschiedener Software und Modellierungssprachen erstellt, dokumentiert und optimiert.[20] Diese wiederum unterscheiden sich oft hinsichtlich ihrer Werkzeuge und Möglichkeiten, wodurch verschiedene Ziele in dem Geschäftsprozessmanagement unterschiedlich erreicht werden können. Dieser Aspekt ist insbesondere für die zweite Forschungsfrage dieser Arbeit wichtig, in welcher Integrationsmöglichkeiten von Compliance in Geschäftsprozesse identifiziert werden sollen.

2.2 Compliance

Zu dem Begriff der Compliance existiert keine einheitliche oder gesetzliche Definition. Vorhandene Definitionen unterscheiden sich voneinander und thematisieren meist unterschiedliche Aspekte der Compliance. Um einen guten Überblick über die Compliance zu erhalten, ist deshalb die Betrachtung verschiedener Definitionen sinnvoll.

Einen ersten Einstieg hierzu liefert die Definition von Schneider. Unter dem Begriff der Compliance sind nach Schneider alle Maßnahmen erforderlich, die ein rechtmäßiges Verhalten eines Unternehmens, seiner Organmitglieder und Mitarbeiter in Hinblick auf alle gesetzlichen Gebote und Verbote gewährleisten.[21]

---

[17] Vgl. Becker (2009), S. 1.
[18] Vgl. ebenda.
[19] Becker (2009), S. 3.
[20] Vgl. ebenda.
[21] Vgl. Schneider (2003), S. 646.

Neben diesem Aspekt der Gesetzeskonformität werden jedoch auch andere Geltungsbereiche durch die Compliance adressiert. Ziffer 4.1.3 des Deutschen Corporate Governance Kodex formuliert Compliance wie folgt: „Der Vorstand hat für die Einhaltung der gesetzlichen Bestimmungen und der unternehmensinternen Richtlinien zu sorgen und wirkt auf deren Beachtung durch die Konzernunternehmen hin."[22] Diese Definition ergänzt den rechtlichen, externen Bereich mit einem internen Bereich, indem sie auch interne Unternehmensregeln einschließt. Dazu zählen u.a. Satzungen, Geschäftsordnungen, Ethik-Richtlinien, Arbeitsanweisungen und Informationsblätter.[23]

Eine speziellere und komplexere Definition von Rath fordert neben der Einhaltung der Anforderungen auch, dass Unternehmen alle Anforderungen kennen und deren Einhaltung gegenüber den internen und externen Adressaten zu kontrollieren und zu dokumentieren.[24]

Zusammenfassend kann gesagt werden, dass Compliance die Beachtung, Einhaltung, Dokumentation und Kontrolle von Regeln und Vorgaben interner und externer Stakeholder-Gruppen bezeichnet.

Als Motivation für Compliance sind unterschiedliche Gründe anzuführen. Einerseits wird auf die Einhaltung von Compliance bei gesetzlichen Vorgaben zur Vermeidung von Strafen und Sanktionen geachtet, andererseits stellt Compliance eine wesentliche Präventionsmöglichkeit in Bezug auf Wirtschaftskriminalität dar.[25] Ein bekanntes Beispiel hierzu ist der größte Fall von Wirtschaftskriminalität in Deutschland, der FlowTex-Skandal.[26] Hier verkauften die Unternehmer Horizontalbohrmaschinen im Wert von ca. 5 Mrd. Euro, welche gar nicht existierten.[27]

Neben diesen Vermeidungszielen verfolgen Unternehmen mit einem aktiven Compliance-Management außerdem Effizienz- und Effektivitätsziele, indem Sie bestehende Compliance-Maßnahmen verbessern und somit die Wettbewerbsfähigkeit, zum Beispiel durch Kosteneinsparungen, für das Unternehmen erhöhen.

---

[22] Regierungskommission Deutscher Corporate Governance Kodex (o. J.), o. S.
[23] Vgl. Vetter (2009), S. 35.
[24] Vgl. Rath (2009), S. 25.
[25] Vgl. Fellmann / Zasada (2014), S. 1.
[26] Vgl. Handelsblatt (2003), o. S.
[27] Vgl. ebenda.

Mit diesem Hintergrund der stetigen Optimierung und Anpassung von Compliance Richtlinien wird das Synergiepotential von Compliance und Geschäftsprozessen deutlich. Denn werden Compliance-Elemente in Geschäftsprozesse integriert, so können beide als einheitlich durch das Geschäftsprozessmanagement gesteuert werden. Dies kann zum einen Kosten eines zusätzlichen Compliance-Managementsystems reduzieren und zum anderen eine passgenauere, individuelle und fehler- sowie aufwandsärmere Einhaltung von Vorgaben ermöglichen.

Derartige Integrationen und Verknüpfungen können über eine gemeinsame Modellierung erreicht werden. Im nächsten Abschnitt wird das ARIS Konzept mit der Modellierungssprache EKP vorgestellt, welches in dieser Arbeit zur Untersuchung der identifizierten Integrationsansätze dienen wird.

2.3   ARIS

Die von Scheer eingeführte „Architektur integrierter Informationssysteme" (ARIS)[28] soll in dieser Arbeit dazu genutzt werden, um die Anwendung identifizierter Ansätze zur Integration von Compliance in Geschäftsprozesse zu evaluieren. In diesem Abschnitt werden als Grundbegriffe zum einen das ARIS-Konzept und zum anderen das Tool ARIS Architect in der Version 9.8 mit Bezug auf EPK kurz vorgestellt. Diese Grundlagenbetrachtung dient der besseren Einordnung der später betrachteten Modelle, sowie dazu, einen Bezug zwischen dem ARIS-Konzept, dem ARIS Architect & Designer und den EKPs zu schaffen.

2.3.1 ARIS-Konzept

Der Kern des ARIS-Konzepts besteht in der Aufteilung der Betrachtung eines Geschäftsprozesses in mehrere Sichten.[29] Für die ganzheitliche Betrachtung eines Geschäftsprozesses sind sehr viele, oft auch redundante, Objekte, Klassen und Beziehungen nötig, welche ohne Strukturierung sehr unübersichtlich und komplex sein können.[30] Im Rahmen des ARIS-Konzepts werden diese zu verschiedenen Sichten gebündelt, wodurch u.a. auch sichten-spezifische Modellierungsmethoden verwendet werden können, welche dieses Konzept von vielen systemtheoretischen Modellierungskonzepten abgrenzt.[31]

---

[28] Vgl. Scheer (2002), S. 1.
[29] Vgl. Scheer (2002), S. 36.
[30] Vgl. ebenda.
[31] Vgl. ebenda.

Das ARIS-Haus in Abbildung 2 zeigt diese Schichten unterteilt in jeweils drei Ebenen, auf die im Anschluss eingegangen wird.

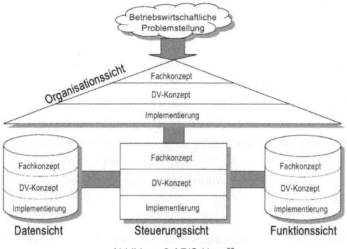

Abbildung 2 ARIS-Haus[32]

Die **Organisationssicht** umfasst die Modellierung aller Organisationseinheiten eines Geschäftsprozesses.[33] Hier werden demnach menschliche und maschinelle Aufgabenträger betrachtet.

Die **Datensicht** beinhaltet alle Umfelddaten, welche Funktionen auslösen oder von Funktionen erzeugt werden, zum Beispiel eine Aktivität die Schriftverkehr auslöst.[34]

In der **Steuerungssicht** werden die Beziehungen zwischen den anderen Sichten erfasst. Sie bilden somit den Rahmen für alle Sichten und die vollständige Geschäftsprozessbeschreibung.[35]

---

[32] Seidlmeier (2006), S. 25.
[33] Vgl. Scheer (2002), S. 36.
[34] Vgl. ebenda.
[35] Vgl. ebenda.

„Die Vorgänge, die Input-Leistungen zu Output-Leistungen transformieren, werden zur **Funktionssicht** zusammengefasst."[36] In manchen Abbildungen des ARIS-Hauses wird zudem eine Leistungssicht gezeigt. In dieser werden alle materiellen Input- und Output-Leistungen, beispielsweise Geldflüsse, modelliert.[37]

Die durch ARIS generierten Sichten werden im Rahmen des ARIS-Phasenmodells in drei Beschreibungsebenen geteilt. Jede Sicht enthält so ein *Fachkonzept*, ein *Datenverarbeitungskonzept*, sowie eine *Implementierungsebene*.[38]

Das **Fachkonzept** kennzeichnet die zweite Entwicklungsphase eines Geschäftsprozessmodells nach dem ARIS-Konzept. Hier werden nach der ersten, strategischen Phase Entity-Typen, Funktionen, Organisationseinheiten und semantische Modelle festgelegt.[39]

Das **Datenverarbeitungskonzept** kennzeichnet die dritte Phase. Das Fachkonzept wird nun in datenverarbeitungsnahe Beschreibungsmodelle umgesetzt. Es wird so angepasst, dass es Schnittstellen für Datenbanksysteme oder Programmiersprachen bietet.[40]

In der vierten Phase erfolgt die technische Implementierung auf der **Implementierungsebene**. Hier werden die Anforderungen aus den bisherigen Phasen in physische Datenstrukturen und für andere Produkte der Informationstechnik umgesetzt.[41]

2.3.2 ARIS Architect & Designer 9.8

Die Software AG, welche das Produkt ARIS mit dem ursprünglichen Hersteller und Vertreiber, der IDS Scheer AG, im Jahr 2010 vollständig übernommen hat, bezeichnet ARIS als „eine technologische Plattform für Prozessexzellenz, mit der

---

[36] Vgl. ebenda.
[37] Vgl. ebenda.
[38] Vgl. Scheer (2002), S. 39.
[39] Vgl. ebenda.
[40] Vgl. ebenda.
[41] Vgl. ebenda.

Unternehmen Prozesse, Anwendungen, Technologien, Daten und Organisationsstrukturen planen, visuell darstellen und bewerten können."[42]

Durch die Verwendung des ARIS-Tools können Geschäftsprozesse grafisch modelliert werden.[43] Insbesondere werden Anwender durch eine grafische Benutzeroberfläche, verschiedene Dokumentationen und spezielle Anpassungsfunktionen bzgl. der verfügbaren Werkzeuge durch die Software bei der Arbeit unterstützt.[44]

Bei dem ARIS Architect & Designer 9.8 werden verschiedene Modellierungssprachen unterstützt, nämlich die Business Process Modelling Notation (BPMN) 2.0 und EPKs. In dieser Arbeit wird mit den ereignisgesteuerten Prozessketten gearbeitet, weswegen an dieser Stelle auch nur auf diese weiter eingegangen wird. Der ARIS Architect & Designer wird in der aktuellsten Version 9.8 verwendet, damit die in dieser Arbeit gewonnenen Erkenntnisse einer möglichst breiten Nutzerbasis dienlich sein können und die neusten Features zur Verfügung stehen.

2.3.3 Ereignisgesteuerte Prozessketten

Die EPK ist eine grafische Modellierungssprache, welche zur Dokumentation von Geschäftsprozessen entwickelt wurde und in der Praxis, beispielsweise im SAP-Umfeld, eine weite Verbreitung gefunden hat.[45]

EPKs sind aus verschiedenen Modellierungsobjekten aufgebaut, welche in Abbildung 3 gezeigt werden.

---

[42] Software AG (2013), S. 66.
[43] Vgl. Gröner / Fleige (2015), S. 16.
[44] Vgl. ebenda.
[45] Vgl. Nüttgens / Rump (2002), S. 64.

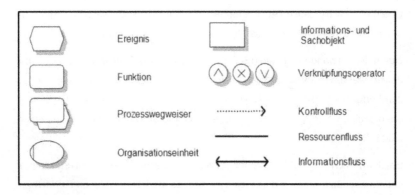

Abbildung 3 EPK-Objekte[46]

Eine EPK startet mit einem Startereignis und endet mit einem Endereignis, welche mit zwischenliegenden, abwechselnden Funktionen und Ereignissen verbunden sind.[47] Verschiedene Objekte dienen hierbei dazu, verschiedene Sichten nach dem ARIS-Konzept darzustellen.

Abbildung 4 zeigt eine beispielhafte EPK, welche einige vorgestellte Modellierungsobjekte beinhaltet. Es folgt eine Kurzbeschreibung des ersten Prozessabschnitts.

---

[46] In Anlehnung an Nüttgens / Rump (2002), S. 66.
[47] Vgl. Krcmar (2015), S. 59.

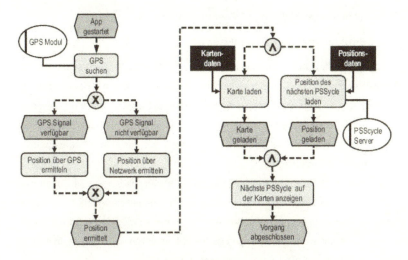

Abbildung 4 Beispiel EPK[48]

In Abbildung 4 beginnt die Prozesskette mit dem Ereignis **App gestartet**, worauf die Aktivität **GPS suchen** folgt.[49] Bei der folgenden XOR-Entscheidung wird die Position über das Netzwerk ermittelt, falls kein GPS verfügbar ist, andererseits wird die Position über GPS ermittelt, sofern das Signal verfügbar ist. Der XOR-Konnektor weist an dieser Stelle darauf hin, dass nicht beide Fälle gleichzeitig eintreten können.

Nähere, relevante Informationen, sowie weitere spezielle Modellierungselemente zu den ereignisgesteuerten Prozessketten werden im weiteren Verlauf der Arbeit in Kapitel 6 vorgestellt.

Im nun folgenden Kapitel werden zunächst die Compliance-Sichten identifiziert, welche später durch die erweiterte EPK (eEPK) in ARIS Architect & Designer 9.8 umgesetzt werden.

---

[48] Krcmar (2015), S. 60.
[49] Vgl. Krcmar (2015), S. 61.

3 Compliance-Sichten auf Geschäftsprozesse

3.1 Strukturierte Literaturanalyse

Um zu gewährleisten, dass möglichst viele Compliance-Sichten, sowie Ansätze für die Integration von Compliance in Geschäftsprozesse in der Fachliteratur gefunden werden, wird in dieser Arbeit mit einer strukturierten Literaturanalyse gearbeitet. Diese Methode bietet den Vorteil, dass nachvollziehbar dargelegt wird, wie viele Ansätze aus welcher Quelle gefunden und für eine wissenschaftliche Arbeit genutzt werden.[50] Eine strukturierte Literaturanalyse geht dabei weiter als eine reine Zusammenfassung anderer Paper[51]. Webster und Watson definieren sie als eine wichtige Grundlage einer wissenschaftlichen Arbeit, mit der es möglich ist bereits existierende Erkenntnisse darzulegen und im Anschluss daran aufzuzeigen, in welchen Bereichen weitere Forschung angestrebt werden sollte.[52]

3.1.1 Vorgehen in der Literatur

Um eine strukturierte Literaturanalyse durchzuführen, gibt es verschiedene Methoden. Webster und Watson definieren drei Schritte, um möglichst viel relevante Literatur zu finden.[53]

Zuerst werden Zeitschriften und Papers in wissenschaftlichen Zeitschriftendatenbanken anhand von Suchwörtern durchsucht. Im Anschluss daran werden für jeden gefundenen Artikel im Rahmen einer Rückwärtssuche die von dem Autor zitierten Arbeiten betrachtet. Im letzten Schritt kann nun bei speziellen Online-Plattformen eine Vorwärtssuche erfolgen. Bei der Vorwärtssuche wird nach Arbeiten gesucht, in welchen die vorliegende Arbeit selbst zitiert wurde.[54]

Einen ergänzenden Ansatz zur Literatursuche und -auswahl liefern vom Brocke et al. in ihrem Artikel, welcher den Prozess der Literaturauswahl aus einer anderen Perspektive ergänzt.[55] Sie plädieren für eine transparentere und bewusstere

---

[50] Vgl. Vom Brocke et al. (2009), S. 3.
[51] Vgl. Webster / Watson (2002), S. 13.
[52] Vgl. ebenda.
[53] Vgl. Webster / Watson (2002), S. 16.
[54] Vgl. ebenda.
[55] Vgl. Vom Brocke et al. (2009), S. 1-13.

Selektion der zu durchsuchenden Quellen[56] und für eine genaue Begründung der Literaturauswahl in ihrem Paper.[57]

3.1.2 Vorgehen in dieser Arbeit

In dieser Arbeit erfolgt die strukturierte Literaturrecherche angelehnt an das Modell von vom Brocke et al. in Abbildung 5, welches gleichfalls die wesentlichen, obigen vorgestellten Schritte einer Literaturanalyse nach Webster und Watson enthält.

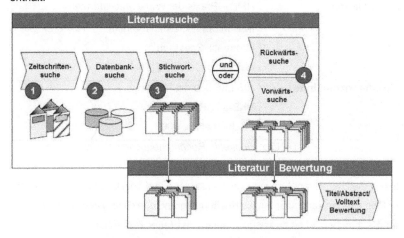

Abbildung 5 Prozess der Literatursuche[58]

Es werden verschiedene Datenbanken und Zeitschriften mit verschiedenen Schlüsselwörtern durchsucht und die Ergebnisse tabellarisch erfasst. Die Suche der Schlüsselwörter beschränkt sich hierbei nicht auf den Titel, sondern es wird in allen Bereichen (zum Beispiel Autor, Keywords, Titel) gesucht.

Bei der Literaturanalyse dieser Arbeit werden hierbei sowohl deutsche als auch englische Quellen zur Analyse herangezogen, weswegen es getrennte Suchen mit deutschen und englischen Suchbegriffen gibt.

Da viele Zeitschriften und Konferenzrankings nicht über eine eigene abgegrenzte Suchfunktion verfügen und zudem gleichfalls von ihren jeweiligen Verlagen und

---

[56] Vgl. Vom Brocke et al. (2009), S. 3.
[57] Vgl. Vom Brocke et al. (2009), S. 11.
[58] In Anlehnung an Vom Brocke et al. (2009), S. 9.

anderen Datenbanken bei einer Recherche durchsucht werden, können die Ergebnisse aus diesen Quellen nicht direkt ausgewiesen werden, sondern werden jeweils mit als Ergebnis der Suche des jeweiligen Verlages angegeben. Einige Beispiele von Zeitschriften und Konferenzrankings, welche als indirekte Recherchequellen durch die Verlags- und Datenbanksuche abgedeckt werden, sind in Tabelle 1 abgebildet.

Zeitschriften	HMD – Praxis der Wirtschaftsinformatik
	IM – Information Management
	Informatik Spektrum
	Business Systems & Engineering (BISE)
Konferenzrankings	AIS MIS Journal Rankings
	VHB-JOURQUAL3
	WI-Journalliste 2008

Tabelle 1 Indirekte Recherchequellen[59]

Damit die Literaturanalyse möglichst umfassend und qualitativ hochwertig durchgeführt werden kann, werden als Recherchegrundlage die in Tabelle 2 aufgeführten Recherchequellen durchsucht, auf die der Autor Zugriff hat.

Universitäts- und	Universitätsbibliothek Halle (Saale) OPAC
Landesbibliotheken	Universitätsbibliothek Leipzig OPAC
Wissenschaftliche	ACM Digital Library
Datenbanken	Google Scholar
	IEEE Xplore Digital Library
	Science Direct
	Springer

Tabelle 2: Direkte Recherchequellen[60]

---

[59] eigene Darstellung.
[60] eigene Darstellung.

Die Recherchequellen werden in der Reihenfolge der Tabelle 2 von oben beginnend durchsucht. Sollte gefundene Literatur in mehreren Recherchequellen gelistet sein, so wird diese bei der Auswertung lediglich bei jener Recherchequelle aufgeführt, bei welcher sie zuerst identifiziert wurde.

Tabelle 3 zeigt die für die Literaturrecherche verwendeten Suchbegriffe.

Deutsche Suchbegriffe	Englische Suchbegriffe
(Sichten **OR** Perspektiven **OR** Blickwinkel **OR** Dimensionen **OR** Elemente)	(Scopes **OR** Perspectives **OR** Views **OR** Dimensions **OR** Elements)
AND	**AND**
Compliance	Compliance
AND	**AND**
Geschäftsprozesse	business process

Tabelle 3 Suchbegriffe zur ersten Forschungsfrage[61]

In Anlehnung an Fellmann und Zasada werden die Recherchequellen über die Detailsuche mit einer Kombination der zentralen Begriffe durchsucht[62]. Dies bietet den Vorteil, dass oft mehrere Suchiterationen vermieden werden können und die Relevanz der Suchergebnisse erheblich verbessert werden, als würde getrennt nach jedem Schlüsselbegriff einzeln gesucht werden.[63] Die Konnektoren „AND" in Tabelle 3 weisen darauf hin, dass bei der erweiterten Suche die aufgeführten Begriffe als obligatorisch angegeben werden. Ein Suchergebnis soll demnach alle von den Operatoren verbundenen Begriffe enthalten. Entsprechend deuten die Konnektoren „OR" auf eine Optionalität des Suchbegriffes hin. Der Zusammenhang zwischen den Sichten der Compliance und der Geschäftsprozesse wird somit durch die Suche explizit berücksichtigt.

Wird eine derartige Kombinationsmöglichkeit von Suchbegriffen durch die Suchfunktion der Recherchequelle nicht angeboten, erfolgt die Suche in Teilschritten für alle Varianten. Für die in Tabelle 3 aufgeführten Suchbegriffe wären das in

---

[61] eigene Darstellung.
[62] Vgl. Fellmann / Zasada (2014), S. 3.
[63] Vgl. ebenda.

diesem Fall fünf einzelne Suchanfragen je Sprache. Die Ergebnisse werden später jedoch kumuliert angegeben, um die Übersichtlichkeit zu wahren. Doppelte Einträge werden bei den Ergebnissen entfernt, allerdings nicht bei den unbewerteten Suchergebnissen. Dies ist auf Grund der teilweise sehr hohen Anzahl der Einträge nicht realisierbar.

Die gefundene Literatur wird zuerst anhand ihres Titels für eine eingehendere Betrachtung vorselektiert. Die Suchergebnisse dazu werden, sofern möglich, nach Relevanz absteigend angezeigt. So wird sichergestellt, dass möglichst alle relevanten Werke gefunden werden. Dabei werden je Recherchequelle maximal die ersten einhundert Suchergebnisse betrachtet. Sollte eine Anordnung nach absteigender Relevanz nicht möglich sein, werden die ersten einhundertfünfzig Suchergebnisse betrachtet. Diese Zahlen sind willkürlich gewählt und ergeben sich aus einigen Testsuchen. Sie erfassen einerseits den hauptsächlich relevanten Teil der Suchergebnisse und grenzen andererseits die Analysedauer der Ergebnisse je Suchvorgang sinnvoll ein.

Damit der Umfang der Literaturanalyse dem zur Verfügung stehenden zeitlichen Rahmen und dem geplanten Umfang der Arbeit angemessen ist, werden dabei zudem nur Arbeiten ab dem Jahr 2005 untersucht und die Suchanfragen entsprechend eingegrenzt.

Nach dieser ersten Selektionsstufe erfolgt eine genauere Prüfung der gefundenen Werke. Dafür werden zunächst die Zusammenfassungen und die Gliederungen der Literatur gelesen. Ist nach deren Betrachtung eine thematische Relevanz erkennbar, so werden im zweiten Schritt die Ergebnisse, das Fazit, sowie die Abbildungen der Literatur geprüft. Entsprechen auch die Inhalte dieser Abschnitte der Problemstellung dieser Arbeit, so wird der Artikel zur vollständigen Betrachtung ausgewählt.

Im Nachgang dieser Selektion wird für die genutzte Literatur eine vollständig einstufige und selektiv zweistufige Rückwärtssuche durchgeführt. Hierbei wird die angegebene Literatur der bereits als relevant kategorisierten Arbeiten auf weitere relevante Titel hin geprüft.

Auf eine Vorwärtssuche wird in dieser Arbeit verzichtet, da diese technisch nicht für alle Quellen gleichwertig durchgeführt werden kann. Voraussetzung hierfür wäre ein Werkzeug, welches einerseits eine Vorwärtssuche ermöglicht und andererseits alle relevanten Quellen, für die eine Vorwärtssuche durchgeführt werden soll, beinhaltet.

3.1.3 Ergebnisse

In Tabelle 4 sind in Anlehnung an die Methodik von vom Brocke et al. die durchsuchten **Recherchequellen** mit den jeweiligen Trefferraten durch die Suchbegriffe in der Spalte **Suchergebnisse** angegeben. Die Aufteilung der Ergebnisse nach den deutschen und englischen Suchbegriffen erfolgt durch eine optische Trennung je Ergebniszelle im Format *„Anzahl Ergebnisse mit deutschen Suchbegriffen / Anzahl Ergebnisse mit englischen Suchbegriffen"*.

Von allen gefundenen Werken wurden Einträge, deren Titel thematisch passend war, in der Spalte **Review I** angegeben. Sollte es Literatur geben, welche als Suchergebnis zwar relevant, jedoch aus verschiedenen Gründen nicht verfügbar ist, wird diese als rote Zahl in Klammern in der Spalte „Suchergebnisse" gezählt. Ein Beispiel für einen Zelleneintrag könnte demnach wie folgt aussehen:

12 (1) / 26 (3)

Bei der deutschsprachigen Suche ergaben sich 12 Ergebnisse. Ein Ergebnis war nicht zugänglich und wurde somit von der weiteren Literaturanalyse ausgeschlossen werden. Von den 26 Ergebnissen der englischsprachigen Suche sind drei nicht zugänglich und werden daher ebenfalls ausgeschlossen.

Die, nach der Prüfung der Zusammenfassung, als geeignet befundenen Quellen wurden in der Spalte **Review II** gezählt. In der letzten Spalte **Vollanalyse** ist die Anzahl der Artikel je Quelle zu sehen, welche vollständig gelesen und für die Forschung dieser Arbeit berücksichtigt worden sind.

Wie bereits vorab erwähnt, sind alle Spalten bis auf die Spalte „Suchergebnisse" trotz partiell auftretender, mehrfacher Suchvorgänge redundanzfrei.

Recherchequellen	Suchergeb-nisse	Review I	Review II	Vollana-lyse
Universitätsbibliothek Halle (Saale) OPAC	0 / 2	0 / 0	0 / 0	0 / 0
Universitätsbibliothek Leipzig OPAC	1.402 / 5.871	8 / 3	4 / 2	2 / 2
ACM Digital Library	0 / 14	0 / 5	0 / 3	0 / 1
Google Scholar	2.990 / 747.000	7 (1) / 13 (3)	5 / 12	3 / 2
IEEE Xplore Digital Library	20 / 332.676	0 / 0	0 / 0	0 / 0
Sciencedirect	2 / 4.2534	1 / 1	0 / 1	0 / 1
Springer	759 / 118.661	3 / 1	1 / 1	0 / 1

Tabelle 4 Rechercheergebnisse erste Forschungsfrage[64]

Folgend sind in Tabelle 5 die Ergebnisse der Rückwärtssuche angegeben. Die einzelnen Reiter haben weitestgehend die gleichen Bedeutungen wie in Tabelle 3. Die Ausgangsliteratur beschreibt die Literatur, welche durch die obige Recherche zur Vollanalyse herangezogen und somit für die Rückwärtssuche zu Grunde gelegt wurde. Die Suchergebnisse entsprechen in diesem Fall der Gesamtanzahl der Literatur der vorliegenden Quelle. Ein weiterer Unterschied der folgenden Tabelle besteht darin, dass keine Trennung mehr zwischen deutsch- und englischsprachiger Literatur erfolgt.

Auch bei dieser Auflistung der Literatur gilt zudem, dass mehrfach vorkommende Literatur lediglich einmal aufgeführt wird. Sollte Literatur gefunden werden, die bereits vorab in Tabelle 3 identifiziert wurde, so wird diese nicht mehr in Tabelle 4 berücksichtigt.

---

[64] eigene Darstellung.

Ausgangsliteratur	Sucher-gebnisse	Review I	Review II	Vollana-lyse
Awad et al. (2012)	52	6	4	2
Heinz (2011)	44	0	0	0
Karlin (2015)	247	5	3	2
Klückmann (2007)	0	0	0	0
Knuplesch et al. (2013)	35	2	0	0
Lowis (2011)	140	11	1	1
zur Muehlen / Rosemann (2005)	31	1	0	0
Sackmann (2008)	12	1	0	0
Schleicher et al. (2010a)	15	1	0	0
Schumm et al. (2010a)	17	1	1	1
Schumm et al. (2015)	275	23	4	0
Witt et al. (2012)	16	2	1	1

Tabelle 5 Ergebnisse der Rückwärtssuche 1[65]

In Tabelle 6 ist abschließend die herangezogene Literatur als Ergebnis der strukturierten Literaturrecherche mit den dazugehörigen (Erst-)Fundorten angegeben. Das Kürzel RS beschreibt, dass die gelistete Literatur im Rahmen der Rückwärtssuche gefunden wurde.

Verwendete Literatur	Fundort (Recherchequelle)
Awad et al. (2012)	Sciencedirect
Feja et al. (2010)	RS: Witt et al. (2012)
Heinz (2011)	Universitätsbilbiothek Leipzig OPAC
Karlin (2015)	Google Scholar
Klückmann (2007)	Google Scholar
Knuplesch et al. (2013)	Springer
Lowis (2011)	Google Scholar
Sackmann / Kähmer (2008)	RS: Karlin (2015)
Sackmann et al. (2008)	RS: Lowis (2011)

---

[65] eigene Darstellung.

Verwendete Literatur	Fundort (Recherchequelle)
Sackmann (2008)	Universitätsbilbiothek Leipzig OPAC
Schleicher et al. (2009)	RS: Awad et al. (2012)
Schleicher et al. (2010a)	Universitätsbilbiothek Leipzig OPAC
Schleicher et al. (2010b)	RS: Awad et al. (2012)
Schumm et al. (2010a)	Google Scholar
Schumm et al. (2010b)	RS: Schumm et al. (2010a)
Schumm et al. (2010c)	RS: Karlin (2015)
Schumm et al. (2015)	Universitätsbilbiothek Leipzig OPAC
Tilburg University (2008)	RS: Karlin (2015)
Witt et al. (2012)	ACM Digital Library
zur Muehlen / Rosemann (2005)	Google Scholar

Tabelle 6 verwendete Literatur: erste Forschungsfrage[66]

3.2 Identifizierte Compliance-Sichten

Im folgenden Abschnitt kann, basierend auf den Ergebnissen der strukturierten Literaturrecherche, die erste Forschungsfrage beantwortet werden, in welcher gefragt wurde, welche Sichten Compliance auf Geschäftsprozesse haben kann.

Da in der Literatur der Begriff „Sichten" oft unterschiedlich definiert und verwendet wird, soll an dieser Stelle die konkrete Bedeutung des Begriffs in dieser Arbeit erarbeitet werden.[67] Angelehnt an die Ausführungen von Schumm et al., sowie denen von Fellmann und Zasada und Tilburg University werden die Compliance-Sichten in dieser Arbeit sowohl aus einer konzeptorientierten Perspektive heraus, als auch von einem inhaltsorientierten Blickwinkel her untersucht.[68]

3.2.1 Konzeptorientierte Compliance-Sichten

Konzeptorientierte Compliance-Sichten beleuchten das Compliance-Konzept aus verschiedenen Perspektiven. Hierbei spielen, je Perspektive, bestimmte Compliance-Elemente eine wichtige Rolle. Diese Elemente stehen untereinander

---

[66] eigene Darstellung.
[67] Vgl. Schumm (2015), S. 41; Fellmann / Zasada (2014), S. 5; Tilburg University (2008), S. 26.
[68] Vgl. ebenda.

in Verbindung, wie in dem konzeptionellen Modell für Compliance-Management von Schumm et al., verdeutlicht in Abbildung 6, gezeigt wird. [69]

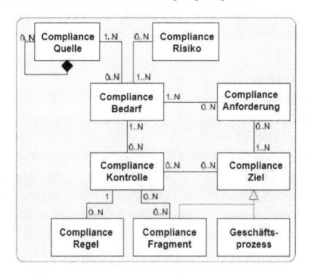

Abbildung 6 Beziehungen der Compliance-Elemente[70]

Schumm et al. identifizieren acht Compliance-Elemente, welche in Verbindung ein Compliance-Management in Geschäftsprozessen ermöglicht.[71]

Die **Compliance-Quelle** beschreibt die Gesetze, Verordnungen oder internen Regeln, welche zusammen mit dem Compliance-Risiko einen Compliance-Bedarf erzeugen.[72] Beispielsweise stellt der Sarbanes-Oxley-Act (SOX) eine solche Compliance-Quelle dar, der im Nachgang von den Bilanzskandalen amerikanischer Unternehmen erlassen wurde[73]. Zusammen mit einem **Compliance-Risiko**, zum Beispiel einer Bilanzfälschung, entsteht ein konkreter **Compliance-Bedarf** für Unternehmen. Daraus ergibt sich die Notwendigkeit, konkrete Compliance-Anforderungen zu erstellen und Compliance-Kontrollen in die betroffenen Geschäftsprozesse zu implementieren.

---

[69] Vgl. Schumm et al. (2010c), S. 327.
[70] In Anlehnung an Schumm et al. (2010c), S. 327.
[71] Vgl. Schumm et al. (2010c), S. 327.
[72] Vgl. ebenda.
[73] Vgl. Haworth / Pietron (2006), S. 73.

Die **Compliance-Kontrollen** beschreiben nach Schumm et al. die Einflussnahme auf die Prüfung, Verifikation oder Erzwingung von Compliance-Regeln, um den Compliance-Bedarf zu entsprechen.[74] Ein Beispiel hierfür wäre, dass die Bilanzen jeweils von zwei Vorstandsmitgliedern eines Unternehmens unterzeichnet werden müssen.

Neben den **Compliance-Regeln**, welche die Compliance-Kontrollen operationalisieren und somit ausführbar machen, können diese auch durch Compliance-Fragmente umgesetzt werden. **Compliance-Fragmente** sind wiederverwendbare Prozessstrukturen, welche eine schnellere und effizientere Spezifizierung und Integration von Compliance in Geschäftsprozesse ermöglichen können.[75] Beispielsweise könnte ein Teil einer EPK, der das Vier-Augen-Prinzip zur Qualitätsendkontrolle im Produktionsprozess regelt, zu der Implementierung der zweifachen Unterzeichnung der Bilanzen aus dem vorherigem Beispiel genutzt werden. Die Prozessstruktur, welche die parallele Prüfung zweier Instanzen steuert, kann als Compliance-Fragment in verschiedenen Kontexten verwendet werden, wodurch eine neue Konstruktion eines passenden Prozesses entfallen kann.

Ebenfalls in Verbindung zu der Compliance-Kontrolle steht das **Compliance-Ziel**. Dieses wird durch die Compliance-Kontrolle determiniert und ist meist eine Konzept, zum Beispiel ein Geschäftsprozess, in dem die jeweilige Compliance-Kontrolle implementiert werden soll.[76] In dem bisher verfolgten Bilanzbeispiel wäre das Compliance-Ziel entweder der Geschäftsprozess oder der Workflow, als teil- automatisierter Geschäftsprozess[77], welcher den Ablauf Bilanzerstellung und -Verabschiedung vorgibt.

Das verbleibende, achte Compliance-Element nach Schumm et al. ist die **Compliance-Anforderung**.[78] Sie beschreibt einen Monitoring- resp. Feedbackprozess eines Compliance-Experten oder Anwenders des jeweiligen Compliance-Ziels an den Compliance-Bedarf, durch welchen Verbesserungspotentiale kom-

---

[74] Vgl. ebenda.
[75] Vgl. Schumm et al. (2010c), S. 327.
[76] Vgl. ebenda.
[77] Vgl. Lowis (2011), S. 6
[78] Vgl. Schumm et al. (2010c), S. 327.

muniziert werden sollen. Das Ziel der Compliance-Anforderung ist es herauszu-finden, ob und wie ein Prozess regelkonformer gestaltet werden kann oder sollte.[79]

3.2.2 Inhaltsorientierte Compliance-Sichten

Die inhaltsorientierten Compliance-Sichten stehen oft im Zusammenhang mit den konzeptorientierten Compliance-Elementen. Knuplesch et al. gehen zum Beispiel von Compliance-Regeln aus, um inhaltsorientierte Compliance-Perspektiven zu beleuchten.[80] Abbildung 7 zeigt diese Compliance-Perspektiven samt unterge-ordneter Elemente.

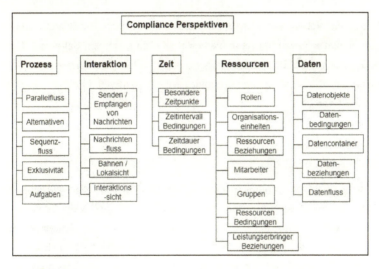

Abbildung 7 inhaltsorientierte Compliance-Elemente nach Knuplesch[81]

Die Autoren von dem Projekt COMPAS der Tilburg University gehen in ihrer Ar-beit nicht von Compliance-Regeln, sondern von Compliance-Bedarfen aus, wel-che unterschiedliche, inhaltsorientierte Prozessaspekte adressieren.[82] In Tabelle 7 sind diese, den Autoren folgend, in fünf Basissichten und sieben spezialisierte Sichten unterteilt.[83]

---

[79] Vgl. ebenda.
[80] Vgl. Knuplesch et al. (2013), S. 110.
[81] In Anlehnung an Knuplesch et al. (2013), S. 110.
[82] Vgl. Tilburg University (2008), S. 26.
[83] Vgl. Tilburg University (2008), S. 27-28.

Basissichten	Spezialisierte Sichten
Kontrollflussbezogene Sicht	Überwachungsbezogene Sicht
Informationsbezogene Sicht	Zahlungsbezogene Sicht
Ortsbezogene Sicht	Privatsphärenbezogene Sicht
Ressourcenbezogene Sicht	Qualitätsbezogene Sicht
Zeitbezogene Sicht	Speicherungsbezogene Sicht
	Sicherheitsbezogene Sicht
	Transaktionsbezogene Sicht

Tabelle 7 inhaltsorientierte Compliance-Sichten nach Tilburg University[84]

Da sich die sieben spezialisierten Sichten aus Teilen der fünf Basissichten zusammensetzen[85], werden sie in dieser Arbeit nicht gesondert betrachtet. Somit werden nur die fünf Basissichten aus Tabelle 7, welche auch in dem Modell von Knuplesch et al. und weiterer Literatur genannt werden[86], in dieser Arbeit als zentrale Vertreter der inhaltsorientierten Compliance-Sichten betrachtet und im Folgenden näher erläutert.

Kontrollflussbezogene Sicht:

Die kontrollflussbezogene Sicht betrachtet die Struktur des zu Grunde liegenden Prozesses, wie dessen Aktivitäten und deren Reihenfolge.[87] Viele Compliance-Quellen, wie das Gesetz SOX, fordern spezifische Prozessstrukturen. Als Beispiel sei hier an den doppelten Prüfprozess zur Verabschiedung von Bilanzen in Abschnitt 3.2.1. erinnert. Ein weiteres Beispiel wäre ein Eskalationsprozess in einem Callcenter. Erst wenn der Kunde ausdrücklich einen Vorgesetzten sprechen möchte, wird er an einen Teamleiter verwiesen. Nicht zulässig könnte es nach Compliance-Vorgaben aus internen Regularien des Unternehmens jedoch sein, den Kunden direkt an den Business-Manager als Vorgesetzten des Teamleiters zu verweisen.

---

[84] eigene Darstellung.
[85] Vgl. ebenda.
[86] Vgl. Knuplesch et al. (2013), S. 110; Fellmann / Zasada (2014), S. 5; Karlin (2015), S. 60.
[87] Vgl. Tilburg University (2008). S. 26.

Informationsbezogene Sicht:

Die informationsbezogene Sicht bezieht sich auf sämtliche Informationen die ein Prozess benötigt oder die durch einen Prozess entstehen.[88] Ebenso sind jedoch die Syntax und Semantik der Informationen von Bedeutung.[89] Wird zum Beispiel ein Geschäftsprozess zur Antragsbearbeitung einer privaten Krankenversicherung betrachtet, ist ersichtlich, dass für eine Entscheidung und somit für einen Prozessabschluss, diverse Informationen zu dem Antragsteller, dessen Risikofaktoren und seiner Krankheitshistorie vorliegen müssen. Parallel dazu muss sichergestellt werden, dass alle Informationen im Einklang mit den existierenden Compliance-Anforderungen verarbeitet werden.[90] Die Betrachtung der Syntax der Daten ist sinnvoll im Hinblick auf deren weitere Verarbeitung und zur Vermeidung etwaiger zukünftiger Compliance-Verletzungen.[91]

Ortsbezogene Sicht:

Bei der ortsbezogenen Sicht wird geprüft, wo Geschäftsprozesse ausgeführt und Daten gespeichert werden.[92] Hosting Unternehmen, welche Daten, Systeme und Server von Kunden in einem eigenen Rechenzentrum als Service betreiben, werden oft danach selektiert, wo die Kundendaten gespeichert werden. Durch verschiedene Datenschutzgesetze in anderen Ländern, ist eine ausschließliche Datenhaltung in Deutschland sehr oft erwünscht oder gar Bedingung der Kunden.[93]

Ressourcenbezogene Sicht:

Analog zu der informationsbezogenen und ortsbezogenen Sicht, sind bei der ressourcenbezogenen Sicht maßgeblich die in einem Prozess involvierten Ressourcen, sowohl personell als auch materiell, von Bedeutung.[94] Compliance-Quellen können hier vorgeben, welche Ressourcen nicht fehlen oder involviert sein dürfen. An einem Mitarbeitergespräch dürfen beispielsweise oft nur der Vorgesetzte

---

[88] Vgl. Tilburg University (2008). S. 26.
[89] Vgl. ebenda.
[90] Vgl. Fellmann / Zasada (2014), S. 5.
[91] Vgl. Rinderle-Ma / Mangler (2011), S. 53.
[92] Vgl. Tilburg University (2008), S. 26.
[93] Vgl. Schlücker (2015), o. S.
[94] Vgl. Tilburg University (2008), S. 27.

und der Mitarbeiter teilnehmen, währenddessen bei einer notariellen Beurkundung zwangsläufig ein Notar anwesend sein muss.

Zeitbezogene Sicht:

Die zeitbezogene Compliance-Sicht „umfasst Compliance-Regeln, die sich auf temporale Eigenschaften von Geschäftsprozessen und Aktivitäten beziehen"[95] und überwacht zeitlich gesetzte Grenzen für Aktivitäten und Teilprozesse.[96] Diese können ebenfalls, entsprechend der Compliance-Anforderungen der ortsbezogenen Sicht, einschließend oder ausschließend sein. Eine manuelle Qualitätskontrolle könnte demnach in einem Prozess mindestens fünf Sekunden pro Werkstück dauern, währenddessen, zum Beispiel, aktuelle Kursinformationen in einer Bank maximal nach 20 Sekunden im Zentralsystem verfügbar sein sollten, um fest terminierte Berechnungen fristgemäß ausführen zu können.

Aus den in diesem Kapitel vorgestellten konzeptorientierten und inhaltsorientierten Compliance-Sichten ergibt sich ein Pool, der aus 13 verschiedenen Perspektiven von Compliance auf einen Geschäftsprozess besteht.

Im nächsten Kapitel dieser Arbeit wird im Rahmen der zweiten und dritten Forschungsfrage betrachtet, welche Ansätze zur Integration dieser Sichten in Geschäftsprozesse existieren und wie diese klassifiziert werden können.

---

[95] Karlin (2015), S. 60.
[96] Vgl. Fellmann / Zasada (2014), S. 5; Tilburg University (2008), S. 27.

4 Integrationsansätze von Compliance in Geschäftsprozessen

Um die zweite Forschungsfrage beantworten zu können, wird eine erneute strukturierte Literaturanalyse durchgeführt. Diese ist exakt wie die vorherige Literaturrecherche gestaltet, lediglich die Suchbegriffe in Tabelle 8 weichen ab.

Deutsche Suchbegriffe	Englische Suchbegriffe
(Integration OR Implementierung)	(Integration **OR** Implementation)
AND	**AND**
Ansatz	approach
AND	**AND**
(Compliance **OR** Risikomanagement)	(Compliance **OR** risk management)
AND	**AND**
Geschäftsprozesse	business process

Tabelle 8 Suchbegriffe zur zweiten Forschungsfrage[97]

Zusätzlich zu der Compliance wird auch das Risikomanagement als Suchbegriff verwendet. Dieses Vorgehen hat den Hintergrund, dass die Integration von Risikomanagement in Geschäftsprozessen methodisch gut für die Integration von Compliance in Geschäftsprozesse adaptierbar sein kann.

4.1 Ergebnisse der Literaturanalyse

Die Ergebnisse in den Tabellen 9, 10 und 11 sind im Wesentlichen analog der Ergebnisse der vorherigen Literaturanalyse dargestellt. Der Unterschied besteht in der zusätzlichen, thematischen Trennung der Ergebnisse nach deren Inhalt. Die Anzahl der Quellen je Ergebniszelle, die sich auf die Implementierung von Risikomanagement in Geschäftsprozesse beziehen, werden, im Gegensatz zu der Compliance-bezogenen Literatur, mit Klammern aufgeführt. Ein Beispiel einer Ergebniszelle könnte demnach wie folgt aussehen: 12(5) / 4(8)

Das Beispiel zeigt, dass 12 deutschsprachige Quellen zum Thema Compliance und fünf deutschsprachige Quellen zum Thema Risikomanagement gefunden wurden. Bezüglich der englischsprachigen Literatur wurden vier Quellen zur Compliance und acht Quellen zum Risikomanagement gefunden.

---

[97] eigene Darstellung.

In der Spalte **Review I** werden zudem analog der ersten Literaturanalyse zugriffs-beschränkte Quellen als rote Zahl in Klammern ausgewiesen.

Recherchequellen	Suchergeb-nisse	Review I	Review II	Vollana-lyse
Universitätsbibliothek Halle (Saale) OPAC	1 (1) / 1 (2)	1 (1) / 0(0)	1 (0) / 0 (0)	1 (0) / 0 (0)
Universitätsbibliothek Leipzig OPAC	599 (570) / 1821 (4.518)	0 (0) / 1 (0)	0 (0) / 0 (0)	0 (0) / 0 (0)
ACM Digital Library	0 (0) / 9 (48)	0 (0) / 3 (0)	0 (0) / 1 (0)	0 (0) / 0 (0)
Google Scholar	3.510 (4.140) / 53.400 (16.100)	3 (1) (2) / 0 (0)	2 (0) / 0 (0)	1 (0) / 0 (0)
IEEE Xplore Digital Library	6 (6) / 109.501 (117.734)	0 (0) / 0 (0)	0 (0) / 0 (0)	0 (0) / 0 (0)
Sciencedirect	6 (0) / 6.219 (100.075)	0 (0) / 1 (0)	0 (0) / 1 (0)	0 (0) / 0 (0)
Springer	1.065 (1.309) / 68.017 (172.353)	1 (1) / 6 (4) (1) (2)	1 (0) / 5 (0)	0 (0) / 5 (0)

Tabelle 9 Rechercheergebnisse zweite Forschungsfrage[98]

Bei Betrachtung dieser Ergebnisse im Vergleich zu den reinen Suchergebnissen fällt auf, dass nur sehr wenig Literatur mit relevantem Titel und insgesamt relevantem Inhalt gefunden wird. Einerseits entsteht dieser Effekt dadurch, dass die Suchfunktionen der Recherchequellen oft Literatur liefern, welche in einem anderen Bezug zu den Suchbegriffen Compliance oder Geschäftsprozessen stehen und nichts mit den Forschungsfragen dieser Arbeit zu tun haben. Ein weiterer

---

[98] eigene Darstellung.

Grund für die wenigen relevanten Literatureinträge in den letzten drei Spalten liegt in dem Vorgehen begründet, dass redundante Ergebnisse im Vergleich zu der vorherigen Literaturrecherche bereinigt wurden.

Allgemein ist zudem festzuhalten, dass sich die Berührungspunkte der gefundenen Literatur oft hinsichtlich beider Forschungsfragen unterscheiden. Es wird daher jede passende Literatur für beide Forschungsfragen verwendet, unabhängig davon, durch welche der beiden Suchvorgänge sie gefunden wurde.

In der folgenden Tabelle 10 sind die Ergebnisse der Rückwärtssuche aufgeführt.

Ausgangsliteratur	Sucher-gebnisse	Review I	Review II	Vollana-lyse
Becker et al. (2012)	110	2	1	0
Kittel (2013a)	140	3	3	2
Kittel (2013b)	59	2	1	0
Kumar / Liu (2008)	31	0	0	0
Lohmann (2013)	27	3	2	1
Sackmann / Kittel (2015)	26	4	2	1

Tabelle 10 Ergebnisse der Rückwärtssuche 2[99]

In Tabelle 11 ist abschließend die zur Vollanalyse herangezogene Literatur als Ergebnis der strukturierten Literaturrecherche mit den dazugehörigen Erstfundorten angegeben.

Verwendete Literatur	Fundort (Recherchequelle)
Becker et al. (2012)	Springer
Betke et al. (2013)	RS: Sackmann / Kittel (2015)
Fellmann / Zasada (2014)	RS: Karlin (2015)
Ghanavati et al. (2007)	RS: Fellmann / Zasada (2014)
Haworth / Pietron (2006)	RS: Kumar / Liu (2008)
Kittel (2013b)	Google Scholar

---

[99] eigene Darstellung.

Verwendete Literatur	Fundort (Recherchequelle)
Kumar / Liu (2008)	Springer
Lohmann (2013)	Springer
Lu et al. (2007)	RS: Kittel (2015)
Ly et al. (2011)	RS: Kittel (2015)
Sackmann / Kittel (2015)	Springer
Sadiq et al. (2007)	Springer

Tabelle 11 verwendete Literatur zweite Forschungsfrage[100]

Ergänzend zu der in der strukturierten Literaturanalyse gefundenen Literatur wurden zudem zusätzliche Quellen herangezogen. Diese können Tabelle 12 entnommen werden.

zusätzliche Literatur
Rinderle-Ma / Mangler (2011)
Schultz / Radloff (2014)
Seyffarth et al. (2016)

Tabelle 12 zusätzlich herangezogene Literatur[101]

Aus den in diesem Abschnitt und Abschnitt 3.1.3 gewonnenen Quellen werden abschließend alle zur Vollanalyse herangezogenen Ansätze zur Integration von Compliance in Geschäftsprozesse final nach deren Relevanz selektiert.

Relevant sind in diesem Zusammenhang solche Ansätze, die genau dem Forschungsschwerpunkt dieser Arbeit entsprechen, also jene, die direkt Möglichkeiten zur Implementierung von Compliance in Geschäftsprozesse bei der Modellierung beschreiben.

---

[100] eigene Darstellung.
[101] eigene Darstellung.

Neben diesem Konzept *Compliance by design*, welches für diese Arbeit relevant ist, wird das Konzept *Compliance by detection* ebenso oft in der Literatur diskutiert.[102]

Compliance by design bedeutet, dass die Compliance-Konformität bereits bei der Modellierung des Prozesses erreicht wird.[103] So kann es bereits vor Ausführung des Prozesses zu eventuellen Fehlern und Modelländerungen kommen, was den Vorteil bietet, dass während der Prozessausführung die Regeltreue nahezu garantiert ist.[104]

Das Konzept der *Compliance by detection* bzw. **on runtime** stellt im Gegenzug zu *Compliance by design* die Sicherstellung der Regeltreue für bereits existierende und aktive Geschäftsprozesse und Workflows dar.[105] Dies hat den Vorteil, dass vorerst Kosten gespart werden können und erst im Bedarfsfall anfallen, jedoch kann eine Änderung des Geschäftsprozesses während des laufenden Betriebes zu Ausfällen, Verzögerungen und Sanktionen somit zu betriebswirtschaftlichen Verlusten führen.[106]

In beiden dieser Bereiche existieren zudem automatisierte Prüfalgorithmen, sog. *model-checker* oder *Validierungsansätze*, welche die Prozesse auf Compliance-Verletzungen hin untersuchen.[107]

Sowohl die Ansätze, welche sich auf das *model checking* beziehen, als auch jene, die mit dem *Compliance by detection* Konzept arbeiten, werden in dieser Arbeit nicht untersucht.

Somit ergeben sich für diese Arbeit lediglich relevante Ansätze aus jenen Quellen, welche sich auf eine manuelle Modellierung während der Design-Phase von Geschäftsprozessen finden.

---

[102] Vgl. Kittel (2013a), S. 7; Awad et al. (2012), S. 714.
[103] Vgl. Kittel (2013a), S. 8.
[104] Vgl. Lohmann (2013), S. 101.
[105] Vgl. Lohmann (2013), S. 100.
[106] Vgl. Kittel (2013a), S. 8.
[107] Vgl. Kittel (2013a), S. 9.

Aus dieser beschriebenen thematischen Eingrenzung heraus ergeben sich relevante Ansätze aus der strukturierten Literaturrecherche, welche die Antwort auf die zweite Forschungsfrage dieser Arbeit liefern, nämlich, welche Ansätze zur Integration von Compliance in Geschäftsprozesse es in der Literatur gibt. Diese werden in Abschnitt 4.2 vorgestellt.

4.2 Identifizierte Integrationsansätze

In Tabelle 13 sind zunächst als Übersicht die relevanten Ansätze mit den entsprechenden Compliance-Sichten aufgeführt, welche sie inhaltlich thematisieren. Im weiteren Verlauf werden die einzelnen Quellen in eigenen Unterabschnitten detailliert vorgestellt.

Relevante Ansätze	Bezug zu Compliance-Sichten
Lohmann (2013)	Compliance-Regeln, Ressourcen-, Zeit-, Kontrollfluss-Sicht
Rosemann, zur Muehlen (2005)	Compliance-Risiken
Sadiq et al. (2007)	Compliance-Regeln, Ressourcen-, Zeit-, Kontrollfluss-Sicht
Schleicher et al. (2010b)	Compliance-Fragmente, Compliance-Templates
Schultz, Radloff (2014)	Kontrollfluss-, Inhalts-, Ressourcen-Sicht
Schumm et al. (2010b)	Kontrollfluss- und Inhalts-Sicht

Tabelle 13 relevante Ansätze mit Bezug auf Compliance-Sichten[108]

4.2.1 Lohmann (2013)

Der Titel der Arbeit von Lohmann lautet sinngemäß: *Compliance by design für Artefakt-basierte Geschäftsprozesse.*[109] Artefakte sind in diesem Zusammenhang Datenobjekte, deren Lebenszyklus durch einen Geschäftsprozess beschrieben wird, zum Beispiel eine Rechnung.[110] Damit besteht keine klassische

---

[108] eigene Darstellung.
[109] Vgl. Lohmann (2013), S. 99.
[110] Vgl. ebenda.

imperative Sichtweise wie bei gewöhnlichen aktivitätsbezogenen Geschäftsprozessen, sondern eine deklarative Perspektive.[111] Die Artefakt-zentrierten Prozesse werden im Modell mittels Petri-Netzen dargestellt. Diese, von Carl Adam Petri entwickelten Modellierungsmodelle, erlauben sowohl eine einfach grafische, als auch eine fundierte mathematische Grundlage für eine formale Beschreibung.[112]

Als Beispielprozess nutzt Lohmann in seiner Arbeit einen Schadensfallprozess einer Versicherung.[113] Ein Kunde reicht einen Schaden ein. Die Schadensmeldung durchläuft eine Betrugsüberprüfung, welche entweder positiv (Betrug wird gemeldet), negativ (Erstattung wird veranlasst) oder ohne Ergebnis enden kann. In diesem Fall werden mehr Informationen vom Kunden angefordert. Der Kunde kann nun jedoch seine Schadensmeldung widerrufen.

Es stehen diesem Prozess verschiedene Richtlinien gegenüber, welche bei der Modellierung berücksichtigt werden müssen.[114]

P1: Der Schaden darf nur archiviert werden, wenn er bezahlt wird.

P2: Eine Erstattung darf nur erstellt werden, wenn eine Schätzung vorliegt.

P3: Um eine Zahlung auszuführen, muss die Meldung beim Controller liegen.

P4: Eine Meldung darf nur zum Controller gelangen, wenn die Höhe geschätzt wurde und die Erstattung noch nicht geprüft wurde.

P5: Die Schadensmeldung darf nur zurück an den Versicherer gesendet werden, wenn die Erstattung bewilligt wurde.

Diese Richtlinien werden, wie in Abbildung 8 gezeigt, vorab als Petri-Netz modelliert.

---

[111] Vgl. ebenda.
[112] Vgl. Lohmann (2013), S. 103.
[113] Vgl. Lohmann (2013), S. 101.
[114] Vgl. ebenda.

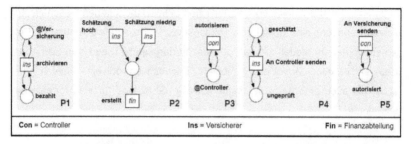

Abbildung 8 modellierte Richtlinien mit Petri-Netzen[115]

Nachdem im ersten Schritt von Lohmann die beiden Artefakte *Schadensmeldung* und *Erstattung* als Petri-Netz modelliert wurden und im zweiten Schritt die Richtlinien aus Abbildung 8, wird abschließend ein Gesamtmodell, bestehend aus diesen Bestandteilen und noch drei weiteren Compliance-Vorgaben modelliert. Diese Zusammenführung kann nach Lohmann sowohl manuell als auch automatisch erfolgen.[116]

Der Ansatz ermöglicht durch diese Technik die Integration vieler Compliance-Sichten in Geschäftsprozesse. In dem Auszug in Abbildung 8 ist beispielsweise die Ressourcen-Sicht, im Sinne von personellen Ressourcen, sowie sehr deutlich die Kontrollfluss-Sicht enthalten.

4.2.2 Rosemann, zur Muehlen (2005)

Der Konferenzartikel der Autoren Rosemann und zur Muehlen trägt den Titel: „Integration von Risiken in Geschäftsprozessmodelle" und beschreibt das Problemfeld der Geschäftsprozessrisiken, sowie einen Ansatz bestehend aus vier Modellen, mit dem die Integration von Risiken in Geschäftsprozesse umgesetzt werden kann.[117] Diese vier Modelle werden mit der ARIS-Methodik und der EPK gestaltet. Die Modelle werden dabei im Kontext eines Gehaltsabrechnungsprozesses begleitet und verdeutlicht.

---

[115] In Anlehnung an Lohmann (2013), S. 196.
[116] Vgl. Lohmann (2013), S. 111.
[117] Vgl. Rosemann / zur Muehlen (2005), S. 1-5.

Das Risiko-Struktur-Modell bietet als erstes Modell Einblicke in die hierarchischen Beziehungen von Risiken.[118] Dies ist sinnvoll, um unterschiedliche Arten von Risiken und deren Zusammenhänge zu modellieren.[119] Abbildung 9 zeigt zwei Beispielmodelle dieser Kategorie.

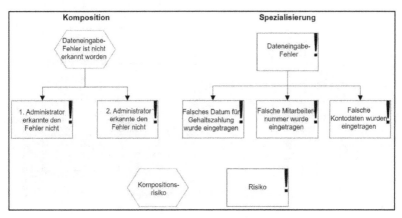

Abbildung 9 Risiko-Struktur-Modell[120]

Die zweite Art von Modell, welche die Autoren vorstellen, ist das Risiko-Ziel-Modell. Hier werden Risiken Prozesszielen gegenübergestellt, welche sie beeinflussen.[121] Abbildung 10 zeigt dieses Modell.

---

[118] Vgl. Rosemann / zur Muehlen (2005), S. 6.
[119] Vgl. ebenda.
[120] In Anlehnung an Rosemann / zur Muehlen (2005), S. 6.
[121] Vgl. Rosemann / zur Muehlen (2005), S. 6.

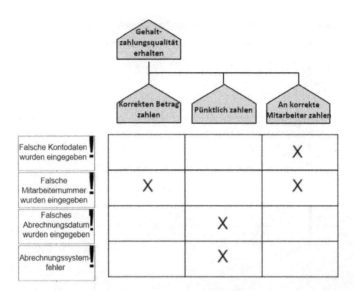

Abbildung 10 Risiko-Ziel-Modell[122]

Die beiden vorgestellten Modelle behandeln statische Risiken. Nach Rosemann und zur Muehlen ist jedoch auch die Betrachtung dynamischer Risiken wichtig.[123]

In dem Risiko-Status-Modell soll dieser Aspekt berücksichtigt werden. Im Gegensatz zu den beiden vorhergehenden Modellen sollen hier nicht-hierarchische Beziehungen und Kausalbeziehungen zwischen Risiken dargestellt werden. Ein Beispiel hierfür zeigt die *exclusive OR*- Verbindung in Abbildung 11.

---

[122] In Anlehnung an Rosemann / zur Muehlen (2005), S. 6.
[123] Vgl. Rosemann / zur Muehlen (2005), S. 7.

38

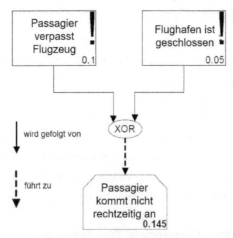

Abbildung 11 Risiko-Satus-Modell[124]

Das vierte Modell nach Rosemann und zur Muehlen ist das erweiterte EPK-Modell. Hier sind die wesentlichen Vorteile der vorherigen Modelle vereinigt.[125] Die Autoren weisen jedoch darauf hin, dass in diesem Modell nicht alle Risiken in Bezug auf die eingangs vorgestellte Taxonomie erfasst werden können.[126] Hierfür wurde von den Autoren ein weiteres Modell in Spalten Notation entwickelt, welches zuletzt auch diese funktionelle Lücke schließt.[127]

Obwohl sich das vorgestellte Modell von Rosemann und zur Muehlen mit Risiken und nicht mit Compliance beschäftigt, so ist es doch für die zweite Forschungsfrage dieser Arbeit relevant. Einerseits sind Risiken als Compliance-Risiken eine relevante Compliance-Sicht und andererseits kann die Struktur der vorgestellten Modelle auch gut auf die Integration von Compliance in Geschäftsprozesse adaptiert werden.

---

[124] In Anlehnung an Rosemann / zur Muehlen (2005), S. 7.
[125] Vgl. Rosemann / zur Muehlen (2005), S. 8.
[126] Vgl. ebenda.
[127] Vgl. Rosemann / zur Muehlen (2005), S. 9.

4.2.3 Sadiq et al. (2007)

Die Autoren Sadiq, Governatori und Namiri verfolgen in Ihrem Artikel mit dem Titel: *Modellierung von Kontrollzielen für Geschäftsprozess-Compliance* zweierlei Ziele.[128] Im ersten Teil wird eine Forschungsagenda im Bereich der Geschäftsprozess-Compliance präsentiert, welche bedeutende technische und organisatorische Herausforderungen in diesem Bereich aufzeigt.[129]

Der für diese Arbeit relevantere, zweite Bereich des Artikels befasst sich mit der effektiven Modellierung von Kontrollzielen in Geschäftsprozessen auf Basis der *normativen System-Theorie*.[130] Abschließend werden die modellierten Kontrollziele in Form eines Beispielszenarios visualisiert.

Ausgehend von einem Beispielprozess einer klassischen Bestellabwicklung bis zur Zahlung, werden drei Kontrollziele vorgestellt, welche in den Prozess integriert werden sollen (Tabelle 14).

Kontrollziel	Risiko	Interne Kontrolle
Verhindern einer nicht genehmigten Ausführung der Bestellungsabwicklung	nicht genehmigte Erstellung von nicht existenten Bestellungen und Zahlungen	Die Erstellung und Genehmigung von Kaufanfragen muss durch zwei verschiedene Einkäufer erfolgen.
	ungültige Warenzuordnung	Jede Rechnung muss eine gültige Bestellnummer enthalten.
Sicherung eines ausreichenden Materialbestandes	Produktionsverzögerung verursacht durch Materialmangel	Zulieferer kann bestraft werden, falls eine Lieferung k Tage überfällig ist.

---

[128] Vgl. Sadiq et al. (2007), S. 149.
[129] Vgl. ebenda.
[130] Vgl. ebenda.

Kontrollziel	Risiko	Interne Kontrolle
pünktlicher und effizienter Bestellabwicklungsprozess	Produktionsverzögerung verursacht durch Materialmangel	Anfragen, die nicht innerhalb von k Tagen geschlossen wurden, sollten einen Alarm beim zuständigen Einkaufs-Agenten auslösen.

Tabelle 14 Kontrollziele für das Kaufanfrageszenario[131]

Diese drei Kontrollziele werden nun durch die Autoren einmal formal mit der *Formal Contract Language* (FCL) und einmal visuell mittels Annotationen in den Beispiel Geschäftsprozess integriert.[132]

Da in dieser Arbeit die visuelle Integration von Compliance in Geschäftsprozesse betrachtet wird, soll auch nur dieser Teil der Arbeit von Sadiq et al. vorgestellt werden.

Für die Annotationen definieren die Autoren vier verschiedene Markierungen, welche sich auf inhaltsbezogene Compliance-Sichten beziehen:

Kontrollfluss-Markierung: Diese Markierung symbolisiert Kontrollziele, die sich auf den Kontrollfluss der Geschäftsaktivitäten beziehen.[133]

Daten-Markierung: Eine Daten- resp. Inhaltsmarkierung kennzeichnet Kontrollziele, welche sich auf Inhalte von Aktivitäten beziehen.[134]

---

[131] In Anlehnung an Sadiq et al. (2007), S. 156.
[132] Vgl. Sadiq et al. (2007), S. 157.
[133] Vgl. Sadiq et al. (2007), S. 159.
[134] Vgl. ebenda.

Ressourcen-Markierung: Eine Ressourcenmarkierung bezieht sich auf Kontrollziele, die sich mit Ressourcen, meist Personal, befassen. Häufige Anwendungen sind Berechtigungsmanagement- und Autorisierungsangelegenheiten.[135]

Zeit-Markierung: Diese Markierungen werden für die Kennzeichnung von Kontrollzielen mit Bezug auf zeitliche Restriktionen verwendet.[136]

Anlage 1 zeigt abschließend den finalen Beispielprozess von Sadiq et al. mit integrierten Markierungen und Kontrollzielen.

4.2.4 Schleicher et al. (2010b)

Die Autoren Schleicher et al. nutzen in Ihrem Artikel mit dem Titel: *Regelkonforme Geschäftsprozesse durch die Nutzung von Verfeinerungsschichten* sog. *Refinement Layers*, um von vorgegebenen Compliance-Vorlagen zu ausführbaren Geschäftsprozessen zu gelangen.[137] Dabei wird jede Schicht von einem anderen Stakeholder mit einem anderen fachlichen Hintergrund gestaltet und durch wachsende Compliance-Bedingungen begrenzt.[138]

Die Modellierung unter Verwendung von Verfeinerungsschichten gliedert sich in mehrere Schritte.

Der erste Schritt wird durch den Prozessnutzer ausgeführt.[139] Er kennt die Anforderungen an den zukünftigen Geschäftsprozess und wählt anhand dieser aus einer Datenbank ein passendes Compliance-Template als Grundlage.[140] Anhand

---

[135] Vgl. Sadiq et al. (2007), S. 159.
[136] Vgl. ebenda.
[137] Vgl. Schleicher et al. (2010b), S. 1.
[138] Vgl. Schleicher et al. (2010b), S. 2.
[139] Vgl. Schleicher et al. (2010b), S. 3.
[140] Vgl. ebenda.

dieser Compliance-Vorlage erfolgt nun die erste Verfeinerung durch den Prozessnutzer, der auf der Schicht 1 das Template an die direkten Bedürfnisse des
Geschäftsprozesses anpasst.[141]

Im zweiten Schritt arbeitet beispielsweise die Rechtsabteilung des Unternehmens an dem Compliance-Template auf der Schicht 2.[142] Nach diesem System
arbeiten nun alle relevanten Stakeholder an dem Compliance-Template, die fach-
lich in den Geschäftsprozess involviert sind und verfeinern nach und nach den
entstehenden Geschäftsprozess.[143]

Im Anschluss an diesen Durchlauf wird der gemeinschaftlich erstellte Geschäftsprozess durch den Prozessnutzer geprüft und zur Ausführung freigegeben.[144]
Abbildung 12 zeigt diesen Ansatz unter Verdeutlichung des Anforderungszu-
wachses grafisch. Während in Schicht eins lediglich Anforderung A halten muss,
so müssen in Schicht zwei sowohl Anforderung A als auch Bestimmung B halten.
Je Schicht wächst demnach die Compliance-Anforderung des Geschäftsprozesses.

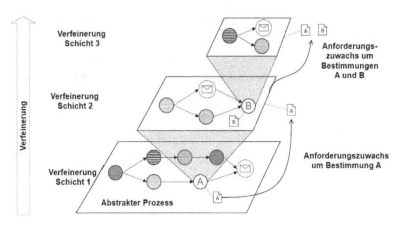

Abbildung 12 Anforderungszuwachs je Verfeinerungsschicht[145]

---

[141] Vgl. ebenda.
[142] Vgl. ebenda.
[143] Vgl. ebenda.
[144] Vgl. ebenda.
[145] In Anlehnung an Schleicher et al. (2010b), S. 8.

4.2.5 Schultz, Radloff (2014)

Einen weiteren Ansatz zur Implementierung von Compliance-Kontrollen in Geschäftsprozesse zeigen die Autoren Schultz und Radloff in ihrer Arbeit mit dem Titel: *Modellierungskonzepte für interne Kontrollen in Geschäftsprozesse – eine empirisch fundierte Erweiterung von BPMN*.[146]

Motiviert durch das Problem, dass herkömmliche Modellierungssprachen oft noch nicht im ausreichenden Maße passende Möglichkeiten zur Optimierung von Kontrollen in Geschäftsprozessen bieten, ist es das Ziel der Autoren, eine konzeptionelle Erweiterung der Modellierungssprache BPMN zu gestalten, welche eine Integration von Kontrollen besser ermöglicht.[147]

Aus einer früheren Studie von Schultz und Radloff wurden vier Anforderungen an eine BPMN-Erweiterung identifiziert, welche nunmehr in dieser Arbeit als Grundlage dienen.[148]

Als erste Anforderung sollen einerseits ausreichend viele und passende Modellierungselemente bereitgestellt werden, um sämtliche inhaltlich relevante Konzepte modellieren zu können. Andererseits wird gefordert, dass die entstehenden Modelle maschinell ausgelesen werden können, um sie im Rahmen von Audits einfacher prüfen zu können.[149]

Die zweite Anforderung verlangt nach unterschiedlichen Typen von Kontrollen, sodass bei Audits verschiedene Arten von Kontrollen besser identifiziert werden können.[150]

Im Rahmen der dritten Anforderungen soll eine Abwärtskompatibilität zu der Ausgangsmodellierungssprache gewahrt werden, sodass Modelle, welche mit Erweiterung erstellt wurden, auch in die ursprüngliche Modellierungssprache konvertiert werden können.[151]

---

[146] Vgl. Schultz / Radloff (2014), S. 1.
[147] Vgl. ebenda.
[148] Vgl. Schultz / Radloff (2014), S. 5.
[149] Vgl. Schultz / Radloff (2014), S: 5-6.
[150] Vgl. Schultz / Radloff (2014), S. 6
[151] Vgl. ebenda.

Abschließend fordert die vierte Zielstellung eine besonders gute Wahrnehmbarkeit der modellierten Kontrollen.[152]

Um diese dargestellten, empirisch evaluierten, Funktionalitäten als BPMN-Erweiterung zu kreieren, werden diese zunächst in einem konzeptionellen UML-Klassendiagramm dargestellt und mittels verschiedener Techniken in ein BPMN-konformes Modell übersetzt.[153]

Die neu implementierten Elemente der BPMN-Erweiterung *ControlMeans*, *ControlObjectives*, *Risk* und *AuditResult* werden von den Autoren in einem kurzen Beispielprozess sowohl implizit visuell durch das Lupensymbol, als auch mit vollen semantischen Beschreibungen in XML gezeigt (Abbildung 13).[154]

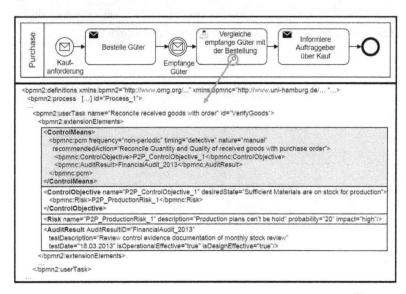

Abbildung 13 Beispielprozess in BPMN mit XML Beschreibung[155]

---

[152] Vgl. ebenda.
[153] Vgl. Schultz / Radloff (2014), S. 6.
[154] Vgl. Schultz / Radloff (2014), S. 8-9.
[155] In Anlehnung an Schultz / Radloff (2014), S. 9

Dieser Ansatz nutzt also eine Erweiterung einer bestehenden Modellierungssprache, um gezielt eigene Anforderungen bei der Modellierung von Compliance, in diesem Fall Compliance-Kontrollen, umsetzen zu können.

4.2.6 Schumm et al. (2010b)

Die Autoren Schumm et al. nutzen in ihrem Ansatz Prozess-Fragmente als wiederverwendbare Compliance-Kontrollen, um damit eine noch schnellere und konsistentere Integration von Compliance in Geschäftsprozesse zu erreichen.[156]

Ein Prozess-Fragment wird nach Schumm et al. definiert als verbundener Graph, der ebenso wie Geschäftsprozesse aus Aktivitäten besteht, jedoch ohne hohe Konsistenzanforderungen.[157] Prozess-Fragmente werden aus bestehenden Geschäftsprozessen gewonnen, von kontextspezifischen Informationen bereinigt und mit Metainformationen versehen, um sie in der Datenbank einfach wiederzufinden.[158] Abbildung 14 zeigt ein designtes Prozess-Fragment.

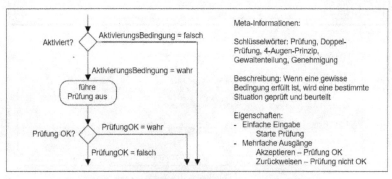

Abbildung 14 Beispiel Prozess-Fragment[159]

---

[156] Vgl. Schumm et al. (2010b), S. 1-2.
[157] Vgl. Schumm et al. (2010b), S. 2.
[158] Vgl. Schumm et al. (2010b), S. 5.
[159] In Anlehnung an Schumm et al. (2010b), S. 5.

Damit nun Compliance-Anforderungen in Prozess-Fragmente eingebettet werden können, müssen diese vorab von Experten in zwei Gruppen geteilt werden.[160] Die erste Gruppe umfasst Compliance-Anforderungen, die vorgeben, *was* getan werden muss. Diese werden mittels *gluing* oder *weaving* implementiert.[161]

Die zweite Gruppe umfasst Compliance-Anforderungen, welche ausdrücken, wie etwas erledigt werden soll. Diese werden über Annotationen eingebettet.[162]

Gluing beschreibt das physikalische Kopieren der Prozess-Fragmente in den Geschäftsprozess (Abbildung 15).[163]

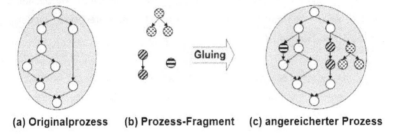

(a) Originalprozess   (b) Prozess-Fragment   (c) angereicherter Prozess

Abbildung 15 Gluing von Prozess-Fragmenten[164]

Bei dem *Weaving* bleibt der Prozess unverändert, er wird lediglich mit neuen Prozess-Fragmenten ergänzt und dadurch anders ausgeführt. Die Prozess Fragmente werden, wie in Abbildung 16 zu sehen, eingewebt.[165]

---

[160] Vgl. Schumm et al. (2010b), S. 8.
[161] Vgl. ebenda.
[162] Vgl. ebenda.
[163] Vgl. ebenda.
[164] In Anlehnung an Schumm et al. (2010b), S. 8.
[165] Vgl. Schumm et al. (2010b), S. 8.

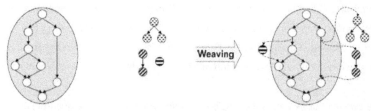

(a) Originalprozess   (b) Prozess-Fragment   (c) angereicherter Prozess

Abbildung 16 Weaving von Prozess-Fragmenten[166]

Die Annotationen als Hinweis auf die Art und Weise, auf die eine Aufgabe erledigt werden soll, werden bei Schumm vorwiegend textuell als simple Hinweisfelder gestaltet, welche mit einer gepunkteten Linie mit dem betreffenden Modellierungsobjekt verbunden ist.[167]

Im folgenden Kapitel wird ein Klassifikationsschema erarbeitet, mit welchem die hier vorgestellten Integrationsansätze für Compliance in Geschäftsprozesse mittels verschiedener Kriterien geordnet werden können.

---

[166] In Anlehnung an Schumm et al. (2010b), S. 9.
[167] Vgl. Schumm (2010b), S. 9.

5 Klassifikationsschema

Die Beantwortung der dritten Forschungsfrage verlangt die Erstellung eines Klassifikationsschemas, um Integrationsansätze von Compliance in Geschäftsprozesse vergleichbar zu machen. Hierfür werden zunächst vier Kriterien vorgestellt, nach welchen die Kategorien zur vorgeschlagenen Einordnung der Ansätze gebildet werden.

Zum besseren Verständnis werden vorab kurz die verwendeten Begrifflichkeiten festgelegt.

- Der Begriff **Quelle** bezieht sich auf einen Artikel, einen Konferenzbeitrag oder ein Buch, welche im Rahmen der strukturierten Literaturrecherche gefunden wurde.

- Ein **Ansatz** ist eine bestimmte Vorgehensweise, um Compliance in Geschäftsprozesse zu integrieren und kann durch mehrere Quellen vertreten werden.

- Ein **Kriterium** ist ein Beurteilungsmerkmal und enthält je nach Erfüllungsgrad mehrere **Kategorien**.

- Eine **Kategorie** beschreibt den Ausprägungsgrad eines Ansatzes bezüglich eines Kriteriums.

5.1 Klassifikationskriterien

Formalität:

Dieses Kriterium betrachtet die Beschreibung des jeweiligen Ansatzes. Während sehr formale Ansätze oft mit mathematischen Analysen verbunden vorgestellt werden und sich eher an Experten wenden, stellen im Gegenzug deskriptive Modelle ihre Funktionsweise eher architektur- oder strategiebasiert für Nicht-Experten, dar. [168] Diese Kategorie hat die beiden gegenüberstehenden Dimensionen **formal** und **deskriptiv**, jedoch auch eine Kategorie **kombiniert** für Ansätze, welche sowohl eine formale als auch eine deskriptive Beschreibung bieten.

---

[168] Vgl. Fellmann / Zasada (2014), S. 10.

Generalisierbarkeit:

Die Generalisierbarkeit beschreibt die plattformübergreifenden Nutzungsmög-
lichkeiten eines Ansatzes. Die beiden Ausprägungen dieses Kriteriums sind **gering** bei proprietären Implementierungsansätzen mit keiner bis geringer Generalisierbarkeit und **hoch** für Ansätze, welche sich sehr gut in andere Modellierungssprachen und -techniken überführen lassen.[169]

Nutzung konzeptorientierter Compliance-Sichten:

Bei diesem Kriterium wird unterschieden, welches Compliance-Element einer
konzeptorientierten Sicht in dem Ansatz implementiert wird oder zu der Implementierung genutzt wird. Die jeweiligen Kategorien dieses Kriteriums bilden die
jeweils in den Ansätzen vorkommenden Compliance-Elemente. Diese decken
sich mit denen in Abbildung 3 von Schumm et al. dargestellten Sichten.[170]

Bezug zu inhaltsorientierten Compliance-Sichten:

In diesem Bereich werden die vorliegenden Ansätze nach Umfang der berück-
sichtigten inhaltsorientierten Compliance-Sichten bewertet. Für vier der fünf Ba-
sis-Sichten, die in Abschnitt 3.2.2 vorgestellt wurden gibt es eine separate Be-
wertungskategorie. Die fünfte inhaltsorientierte Sicht, die Orts-Sicht, wurde nicht
einbezogen, da Fellmann und Zasada zeigen, dass diese nur äußerst selten in
der Literatur Anwendung findet.[171]

5.2   Klassifikationsergebnisse

Die vorgeschlagenen Kategorien für Implementierungsansätze sind in Abbildung
17 aufgeführt.

Ein Ansatz kann zum Beispiel nur mit formaler Logik ohne ein strukturiertes oder
visuelles Modell vorgestellt werden und wäre somit in die Kategorie *formal* ein-
zuordnen. Lassen sich die gezeigten Inhalte lediglich in einem oder wenigen Sys-
temen anwenden, würde der Ansatz als *gering* generalisierbar kategorisiert werden. Die anderen Bewertungskriterien bzgl. der Compliance-Sichten ergeben
sich aus dem jeweiligen Bezug der Ansätze auf die Compliance-Sichten.

---

[169] Vgl. Becker et al. (2012), S. 227.
[170] Vgl. Schumm et al. (2010c), S. 327.
[171] Vgl. Fellmann / Zasada (2014), S. 7-8.

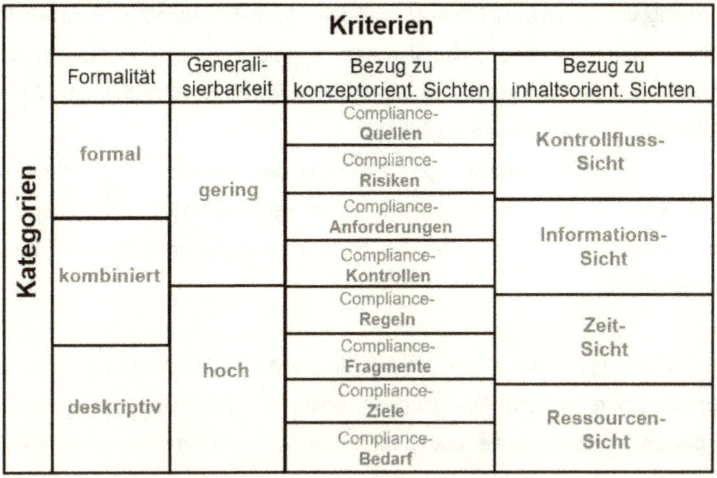

Kategorien	**Kriterien**			
	Formalität	Generali-sierbarkeit	Bezug zu konzeptorient. Sichten	Bezug zu inhaltsorient. Sichten
	formal	gering	Compliance-Quellen	Kontrollfluss-Sicht
			Compliance-Risiken	
	kombiniert		Compliance-Anforderungen	Informations-Sicht
			Compliance-Kontrollen	
	deskriptiv	hoch	Compliance-Regeln	Zeit-Sicht
			Compliance-Fragmente	
			Compliance-Ziele	Ressourcen-Sicht
			Compliance-Bedarf	

Abbildung 17 Klassifikationsschema[172]

In der folgenden Abbildung 18 wird eine Beispielklassifikation dargestellt, in welcher der Ansatz von Sadiq et al.[173] exemplarisch klassifiziert wird.

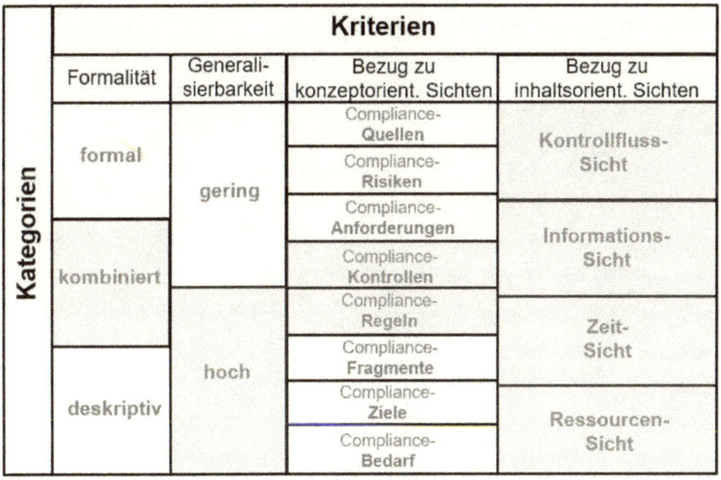

Kategorien	**Kriterien**			
	Formalität	Generali-sierbarkeit	Bezug zu konzeptorient. Sichten	Bezug zu inhaltsorient. Sichten
	formal	gering	Compliance-Quellen	Kontrollfluss-Sicht
			Compliance-Risiken	
	kombiniert		Compliance-Anforderungen	Informations-Sicht
			Compliance-Kontrollen	
	deskriptiv	hoch	Compliance-Regeln	Zeit-Sicht
			Compliance-Fragmente	
			Compliance-Ziele	Ressourcen-Sicht
			Compliance-Bedarf	

Abbildung 18 Klassifikation Sadiq et al.[174]

---

[172] eigene Darstellung.
[173] Sadiq et al. (2007), S. 149-164.
[174] eigene Darstellung.

Der Ansatz von Sadiq et al. bietet sowohl einen formalen Ansatz in Form von FCL als auch einen deskriptiven, visuellen Ansatz, welcher durch Annotationen realisiert wird. Aus diesem Grund wird der Ansatz hinsichtlich des Kriteriums *Formalität* der Kategorie *kombiniert* zugeordnet.

Durch diese beiden Modellierungsvarianten, insbesondere jedoch durch die Formulierung in FCL, kann der Ansatz sehr gut von anderen Modellierungssprachen adaptiert werden, weshalb er der Kategorie *hoch* in puncto *Generalisierbarkeit* gewertet wird.

In der Abbildung (Anlage 1) sind zwei Arten von Annotationen zu unterscheiden. Einerseits gibt es *perform*-Anweisungen, sowie *check*-Anweisungen, welche auf die beiden konzeptorientierten Compliance-Sichten Compliance-Regeln und Compliance-Kontrollen hindeuten.

In selbiger Grafik werden zudem die inhaltsorientierten Sichten genannt, nämlich die Kontrollfluss-, Informations-, Zeit-, und Ressourcen-Sicht.

Aus diesen Faktoren und Anhaltspunkten ergibt sich die obige Klassifizierung des Ansatzes von Sadiq et al in Abbildung 18.

6   Umsetzbarkeit der Erkenntnisse in ARIS 9.8

In diesem Kapitel der Arbeit werden die gefundenen Compliance-Sichten sowie die in der Literatur identifizierten Integrationsansätze von Compliance in Geschäftsprozesse dahingehend untersucht, ob und wie sie in ARIS 9.8 mit EPKs umgesetzt werden können.

Die Compliance-Sichten und Integrationsansätze werden in zwei eigenen Abschnitten untersucht.

Als erster Schritt der Untersuchung sollen die Möglichkeiten von der Software ARIS Architect & Designer 9.8 in Verbindung mit ereignisgesteuerten Prozessketten selbst geprüft werden, die für die Modellierung von Compliance genutzt werden können.

In diesem Zusammenhang wurden acht Objekte identifiziert, welche sich als Ausgangspunkt eignen, um im Folgenden die Compliance-Sichten und deren Integrationsansätze in ARIS darstellen zu können (Abbildung 19).

Abbildung 19 Compliance-relevante EPK-Modellierungsobjekte[175]

Die Bedeutungen der einzelnen Objekte sind nicht konkret festgelegt und können kontextspezifisch je Unternehmen individuell definiert werden. Nichtsdestotrotz soll an dieser Stelle eine kurze Beispieldefinition pro Objekt gegeben werden.

Die **Geschäftspolitik** kann ein strategisches Unternehmens-Ziel beschreiben, beispielsweise eine *paperless office* Politik.

---

[175] eigene Darstellung mit ARIS Architect & Designer 9.8.

Um dieses Ziel in Teilschritten umzusetzen, können verschiedene **Geschäftsregeln** in Prozessen genutzt werden. Ein Beispiel hierfür wäre es, den gesamten Posteingang zu digitalisieren.

Eine konkrete **Anforderung** hilft schließlich dabei, diese Geschäftsregel zu operationalisieren. Sie könnte demnach vorgeben, dass alle scanbaren Posteingangsdokumente zu scannen sind und danach vernichtet werden.

Ein **Risiko**-Objekt kann gesetzt werden, wenn bei einem Vorgang ein Risiko besteht. Wenn beispielsweise ein Dokument nicht richtig gescannt wird und trotzdem im Anschluss vernichtet wird, gehen Informationen verloren.

Der Scanvorgang kann im Geschäftsprozess ebenso eine **Schwachstelle** darstellen, die zum Beispiel aufgrund zu langsamer Scanvorgänge die Effizienz des gesamten Prozesses gefährdet.

Diese Schwachstelle kann mit einer **Kontrolle** begegnet werden. So könnte beispielsweise eine Kontrolle vorgeben, das bei hohem Posteingangsaufkommen ein zweites Array an Scannern aktiviert wird, oder das Kundenanliegen priorisiert gescannt und somit bearbeitet werden.

Eine **Berechtigungsbedingung** könnte in diesem Beispiel vorgeben, dass die Aufgabe der Vorselektion nur ein Mitarbeiter der Stufe Senior oder Teamleiter durchführen darf.

Abschließend zu den vorgestellten Modellierungsobjekten kann das **Ziel** recht vielfältig eingesetzt werden. Es könnte beispielsweise in Verbindung mit der vorherigen Berechtigungsbedingung modelliert werden, um darauf hinzuweisen, dass möglichst ein Senior Mitarbeiter die Selektion vornehmen soll und nur im Ausnahmefall ein Teamleiter.

Die vorgestellten Objekte lassen sich zudem noch weiter individualisieren, beispielsweise durch eine individuelle Farbgestaltung. Somit kann man die *Geschäftsregel* auch in einer anderen Farbe als die der Compliance-Regel verwenden. Auch für die Objekte *Anforderung, Risiko, Ziel* und *Kontrolle* ist diese Möglichkeit in Bezug auf Abschnitt 6.1 gut nutzbar.

6.1 Umsetzbarkeit der Compliance-Sichten

Die Untersuchung zur Umsetzbarkeit wird analog der Arten der Compliance-Sichten in zwei Abschnitte geteilt. Es folgt jeweils beginnend eine kurze Übersicht welche Sicht wie gut in ARIS umgesetzt werden kann. Die drei Ausprägungen hierfür lauten **direkt umsetzbar, indirekt umsetzbar, teilweise umsetzbar** und **nicht umsetzbar**. Im Anschluss an diese Übersicht werden die jeweiligen Wertungen im Detail ausgeführt.

6.1.1 Umsetzbarkeit konzeptorientierter Sichten

In Tabelle 15 werden die einzelnen Compliance-Elemente, welche die konzeptorientierten Compliance-Sichten charakterisieren, mit den Ergebnissen der Umsetzungsanalyse gezeigt.

So ist der Tabelle 15 zu entnehmen, dass *Compliance Risiken* in ARIS 9.8 direkt umsetzbar sind, dies gilt in diesem Fall zudem für alle anderen konzeptorientierten Compliance-Sichten.

Konzeptorientierte Compliance-Elemente	Umsetzbarkeit in ARIS 9.8
Compliance-Quelle	direkt umsetzbar
Compliance-Risiko	direkt umsetzbar
Compliance-Bedarf	direkt umsetzbar
Compliance-Kontrolle	direkt umsetzbar
Compliance-Regel	direkt umsetzbar
Compliance-Fragment	direkt umsetzbar
Compliance-Anforderung	direkt umsetzbar
Compliance-Ziel	direkt umsetzbar

Tabelle 15 Umsetzbarkeit konzeptorientierter Compliance-Elemente[176]

Alle Compliance-Elemente sind unter Nutzung der in Abbildung 19 vorgestellten Modellierungsobjekte direkt umsetzbar. Falls neben der Compliance Dimension die Verwendung der Modellierungsobjekte für eine andere Dimension (zum Beispiel Risikomanagement) genutzt werden soll, so lassen diese sich individuell einfärben.

---

[176] eigene Darstellung.

Compliance-Fragmente sind im Gegensatz zu den anderen konzeptorientierten Compliance-Elementen nicht einfach durch ein Objekt umsetzbar.

Diese kann man realisieren, in dem man diese als Teilprozess modelliert und anschließend in der verbundenen Datenbank von ARIS speichert. Per *copy & paste* Funktion sind diese Fragmente jederzeit sehr einfach in andere Modelle übertragbar und können im zweiten Schritt mit anderen Objekten verbunden werden.

6.1.2 Umsetzbarkeit inhaltsorientierter Sichten

Inhaltsorientierte Compliance-Sichten	Umsetzbarkeit in ARIS 9.8
Kontrollflussbezogene Sicht	direkt umsetzbar
Informationsbezogene Sicht	indirekt umsetzbar
Ortsbezogene Sicht	direkt umsetzbar
Ressourcenbezogene Sicht	direkt umsetzbar
Zeitbezogene Sicht	indirekt umsetzbar

Tabelle 16 Umsetzbarkeit inhaltsorientierter Compliance-Sichten[177]

Die kontrollflussbezogene Compliance-Sicht lässt sich in ARIS 9.8 mittels EPK sehr gut und direkt umsetzen, in dem man den vorgegebenen Kontrollfluss modelliert. Die ereignisgesteuerten Prozessketten stellen dazu alle Werkzeuge bereit. Anlage 2 zeigt einen beispielhaften Kontrollfluss, indem die doppelte Prüfung und Signierung eines Bilanzabschlussberichtes modelliert ist.

Die informationsbezogene Compliance-Sicht ist indirekt durch Kontrollen und Elemente der kontrollflussbezogenen Sicht umsetzbar. Es kann demnach ein Kontrollfluss explizit für informationsbezogene Objekte und Abläufe modelliert werden. Die hierfür notwendigen Modellierungsobjekte sind in ARIS 9.8 mit EPK-Modellierungssprache vorhanden.

Die ortsbezogene Compliance-Sicht kann durch spezielle Modellierungsobjekte in ARIS Architect & Designer 9.8 mittels EPK modelliert werden. Abbildung 20 zeigt diese Objekte.

---

[177] eigene Darstellung.

 Standort  Arbeitsplatz

Abbildung 20 ortsbezogene Modellierungsobjekte[178]

Ebenso wie die ortsbezogene Compliance-Sicht, sind auch die ressourcenbezogene Compliance-Sicht und die zeitbezogene Compliance-Sicht durch Annotationen in ARIS mittels EPK umsetzbar. Zwar gibt es keine vordefinierten Objekte für zeitbezogene Elemente, jedoch können diese individuell im ARIS Symbol Editor erstellt werden.[179]

6.2 Umsetzungsmöglichkeiten der Integrationsansätze

In diesem Abschnitt soll geprüft werden inwiefern die in Abschnitt 4.2 identifizierten Ansätze zur Integration von Compliance in Geschäftsprozesse in ARIS mit EPK umgesetzt werden können um die Modellierung der Compliance Sichten aus Abschnitt 3.2 zu erleichtern resp. zu erweitern.

Inhaltsorientierte Compliance-Sichten	Umsetzbarkeit in ARIS 9.8
Lohmann (2013)	direkt umsetzbar
Rosemann, zur Muehlen (2005)	direkt umsetzbar
Sadiq et al. (2007)	teilweise umsetzbar
Schleicher et al. (2010b)	direkt umsetzbar
Schultz, Radloff (2014)	nicht umsetzbar
Schumm et al. (2010b)	direkt umsetzbar

Tabelle 17 Umsetzbarkeit der Integrationsansätze[180]

Der datenobjektbezogene Ansatz von Lohmann kann indirekt in ARIS umgesetzt werden. Mit Hilfe der beiden Modellierungsobjekte in Abbildung 21 kann die deklarative Modellierungsperspektive, ausgehend von den Datenobjekten problemlos umgesetzt werden.

---

[178] eigene Darstellung mit ARIS Architect & Designer 9.8.
[179] Vgl. Gonzalez (2011), o. S.
[180] eigene Darstellung.

 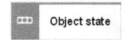

Abbildung 21 datenobjektbezogene Modellierungsobjekte[181]

Eine verbesserte Umsetzung der Modellierung der Compliance-Sichten entsteht hierdurch unmittelbar jedoch nicht. Allerdings könnten bestehende Möglichkeiten für die Modellierung von Compliance-Sichten durch den deklarativen Ansatz von Lohmann anders, eventuell sogar effizienter, modelliert werden. Das ist jedoch sehr konkret von dem jeweiligen Geschäftsprozess abhängig und wird in dieser Arbeit nicht eingehender untersucht.

Der Ansatz der Autoren Rosemann und zur Muehlen ist mit ARIS und den EPK ebenfalls direkt umsetzbar, da der Ansatz in der Quellliteratur bereits mit ARIS und EPKs erarbeitet wurde. Eine weitere Untersuchung bezüglich der Umsetzung wurde aus diesem Grund in dieser Arbeit nicht vorgenommen.

Bezüglich der Modellierbarkeit von Compliance-Sichten bietet der Ansatz von Rosemann und zur Muehlen einen interessanten Zusatzaspekt durch die vier vorgestellten Modelle. Einerseits wären diese nicht unbedingt im Geschäftsprozess notwendig, um eine Compliance-Sicht zu modellieren, andererseits würden sie relevante Hintergrundinformationen zu potentiellen Compliance-Risiken liefern, die für unternehmensinterne Entscheidungen hilfreich sein könnten.

Der Ansatz von den Autoren Sadiq et al. ist durch seine zweiseitige Ausrichtung nur teilweise umsetzbar. Die Annotationen, welche von den Autoren im visuellen Ansatz Ihres Modells genutzt werden, können mit dem *ARIS Symbol Designer* erstellt werden. Die Umsetzung der FCL in ARIS ist jedoch nicht vorgesehen. Für die Modellierung von Compliance-Sichten entsteht durch die Nichtanwendbarkeit von FCL kein direkter Mehrwert durch diesen Ansatz von Sadiq et al.

---

[181] eigene Darstellung mit ARIS Architect & Designer 9.8.

Das Verfeinerungsschichten-Modell von Schleicher et al. kann mit ARIS und ereignisgesteuerten Prozessketten direkt umgesetzt werden. Die einzelnen Schichten lassen sich einfach durch Unterprozesse realisieren. Hierfür modelliert man für jede Verfeinerungsschicht ein eigenes EPK und verbindet diese später an den entsprechenden Schnittpunkten mit modellübergreifenden Verweisen.

Das Verfeinerungsschichten-Modell kann zudem die Modellierung von Compliance-Sichten in Geschäftsprozesse unterstützen, da, wie von den Autoren vorgeschlagen und in Abschnitt 4.2.4 erläutert, verschiedene Experten nacheinander an den jeweiligen Schichten arbeiten können.

Der Erweiterungsansatz für die Modellierungssprache BPMN von Schultz und Radloff kann mit den von ARIS und den ereignisgesteuerten Prozessketten gebotenen Werkzeugen nicht umgesetzt werden. Aus diesem Grund bietet dieser Ansatz auch bei der Modellierung von Compliance-Sichten keinen Mehrwert, wenn mit ARIS und EPKs gearbeitet wird.

Der in Abschnitt 4.2.6 vorgestellte Ansatz von Schumm et al. Prozessfragmente für die Modellierung von Compliance wiederzuverwenden ist direkt umsetzbar. Tatsächlich ist die Implementierung dieses Ansatzes recht ähnlich zu der Modellierung von Compliance-Fragmenten, die bereits in Abschnitt 6.1 ausgeführt wurde. Es ergeben sich allerdings Unterschiede bezüglich der bei Schumm et al. angewandten Techniken des *gluing* und *weavings*. Jedoch können auch diese beiden Techniken vollständig mit ARIS unter Verwendung von EKP umgesetzt werden.

In Bezug auf die Implementierung der Compliance-Sichten in Geschäftsprozesse hat der Ansatz von Schumm et al. keine weitere Bedeutung.

7   Schlussbetrachtung

Die immer stärker werdende Bedeutung von wachsenden Compliance-Anforderungen, ausgehend sowohl von externen als auch internen Stakeholdern, stellt viele Unternehmen vor die Herausforderung dieses Themenfeld effizienter zu gestalten.

Eine mögliche Variante dieses Ziel umzusetzen besteht in der Integration von Compliance in Geschäftsprozesse. Da beide Bereiche in vielerlei Hinsicht miteinander verwoben sind, können durch eine gemeinsame Betrachtung und Steuerung viele Synergieeffekte in Form von Kosteneinsparungen oder einer geringeren Fehleranfälligkeit erreicht werden.

In dieser Arbeit wurde die aktuelle Fachliteratur im Rahmen einer strukturierten Literaturrecherche analysiert, um vier Forschungsfragen zu beantworten. Diese Methodik bietet nach Webster & Watson den besonderen Vorteil den aktuellen Forschungsstand in der Literatur aufzugreifen und mit neuen Erkenntnissen zu erweitern.[182]

Die Literaturrecherche wurde mit stark spezialisierten Suchbegriffen durchgeführt. Als Folge dessen gab es nur wenige passende, dafür aber im Verhältnis viele relevante Ergebnisse. Die größte Separation der Ergebnisse im Laufe der verschiedenen Phasen der Literaturanalyse erfolgte bereits im ersten Schritt, in dem die Suchergebnisse nach der Relevanz ihres Titels selektiert wurden.

Im Rahmen der ersten Forschungsfrage wurde in Kapitel 3 analysiert, welche Compliance-Sichten auf Geschäftsprozesse existieren.

Es wurden zwei Arten von Compliance-Sichten identifiziert, nämlich inhaltsorientierte Sichten, wie die Kontrollfluss-Sicht oder die Zeit-Sicht und konzeptorientierte Compliance-Sichten, vertreten durch Compliance-Elemente wie Fragmente, Regeln und Vorgaben.

Für die Beantwortung der zweiten Forschungsfrage wurden in Kapitel 4 Ansätze vorgestellt, um die identifizierten Sichten der ersten Forschungsfrage in Geschäftsprozesse zu implementieren.

---

[182] Vgl. Webster / Watson (2002), S. 13.

Hierbei wurden strikt jene Ansätze selektiert, welche die Integration von Compliance in Geschäftsprozesse bei der Modellierung betrachten, also *Compliance by Design* Ansätze. Die gegenteiligen *Compliance on Runtime* Ansätze wurden nicht betrachtet. Auch die in der Literatur oft vertretenen Validierungsansätze wurden in dieser Arbeit nicht berücksichtigt.

Basierend auf den Ergebnissen der Literaturrecherche wurde zur Beantwortung der dritten Forschungsfrage in Kapitel 5 ein Klassifikationsschema vorgestellt, welches die identifizierten Ansätze mit vier Kriterien klassifiziert. Anhand des Ansatzes von Sadiq et al.[183] wurde gezeigt, dass sich die Ansätze unter Verwendung dieses Schemas effektiv klassifizieren lassen.

Im 6. Kapitel der Arbeit wurde die vierte Forschungsfrage beantwortet, indem herausgestellt wurde, ob und wie sich die gefundenen Compliance-Sichten und Integrationsansätze in ARIS Architect & Designer 9.8 mittels EPKs umsetzen lassen.
Dabei wurde gezeigt, dass sich alle gefunden Compliance-Sichten teilweise direkt oder indirekt in ARIS mittels EPKs umsetzen ließen. Auch die identifizierten Ansätze zur Integration von Compliance in Geschäftsprozesse konnten größtenteils in ARIS umgesetzt werden. Lediglich der Ansatz von Schultz und Radloff konnte nicht abgebildet werden.[184]

Durch die gezeigten Ergebnisse gibt diese Arbeit einen aktuellen Überblick über Compliance-Sichten und Integrationsansätze von Compliance in der Literatur. Dem Fachpublikum wurde ein Klassifikationsansatz vorgestellt, der nach Bedarf um weitere Kriterien erweitert oder begrenzt werden kann. Es wurde zudem die Umsetzung von Integrationsansätzen in ARIS untersucht, um es zu ermöglichen, diese Ansätze auf einer verbreiteten Modellierungsplattform nutzbar zu machen.

Für folgende Forschungen in dem Bereich der Integration von Compliance in Geschäftsprozesse wäre eine Untersuchung der in dieser Arbeit ausgegrenzten Modellierungsansätze *by Detection* und *on Runtime*, sowie für Validierungsansätze

---

[183] Sadiq et al. (2007), o. S.
[184] Schultz / Radloff (2014), o. S.

hilfreich. So könnten systemübergreifend die situativ am besten passenden Ansätze für jedes Unternehmen gefunden werden.

Ein zweiter Forschungsansatz könnte sein, die identifizierten Ansätze dieser Arbeit auf ihre Umsetzbarkeit hin in andere Modellierungssprachen, beispielsweise BPMN 2.0 zu untersuchen. Auch dieses Vorgehen würde den Nutzen dieser Forschungen in der Praxis vergrößern, da auch andere Modellierungssprachen eine große Bedeutung genießen.

Zuletzt wäre auch eine parallele Betrachtung von Integrationsansätzen bezüglich anderer Bereiche in Geschäftsprozesse sinnvoll. Ebenso wie die Integration von Compliance könnte auch die Integration von Risikomanagement in Geschäftsprozesse die Kosten der gemeinsamen Betrachtung senken, sowie zu einer höheren Effizienz in puncto Risikoidentifikation und -management führen.

V   Literaturverzeichnis

Awad, Ahmed / Goré, Rajeev / Hou, Zhe / Thomson, James / Weidlich, Matthias (2012): An iterative aproach to synthesize business process templates. in: Information Systems, 2012, Heft 37, S. 714-736.

Becker, Jörg / Delfmann, Patrick / Eggert, Mathias / Schwittay, Sebastian (2012): Generalizability and Applicability of Model-Based Business Process Compliance-Checking Approaches – A State-of-the-Art Analysis and Research Roadmape. in: Business Research, 2012, Heft 5, S. 221-247.

Becker, Jörg / Schütte, Reinhard (2004) Handelsinformationssysteme, 2. Auflage, Frankfurt am Main, 2004.

Betke, Hans / Kittel, Kai / Sackmann, Stefan (2013): Modeling Controls for Compliance -- An Analysis of Business Process Modeling Languages. in: Advanced Information Networking and Applications Workshops (WAINA), 27th International Conference, 2013, S. 866-871.

Feja, Sven / Witt, Sören / Brosche, Andreas / Speck, Andreas / Prietz, Christian (2010): Modellierung und Validierung von Datenschutzanforderungen in Prozessmodellen. in: Vernetzte IT für einen effektiven Staat – Gemeinsame Fachtagung Verwaltungsinformatik (FTVI) und Fachtagung Rechtsinformatik (FTRI), 2010, Heft 162, S. 155-166.

Fellmann, Michael / Zasada, Andrea (2014): State-of-the-Art of Business Process Compliance Approaches: A Survey. in: Avital, Michael / Leimeister, Jan Marco / Schultze, Ulrike (Hrsg.): Proceedings of the 22nd European Conference on Information Systems (ECIS), 2014, S. 1-11.

Ghanavati, Sepideh / Amyot, Daniel / Payton, Liam (2007): Towards a Framework for Tracking Legal Compliance in Healthcare. in: Krogstie, J. / Opdhal, A. L. / Sindre, G. (Hrsg.): In Advanced Information Systems Engineering, 2007, S. 218-232.

Gonzales, Pablo (2011): How to create a customized symbol using ARIS symbol editor. Stand: 02.2011. URL: http://www.ariscommunity.com/users/gonzalez-fox/2011-02-15-how-create-customized-symbol-using-aris-symbol-editor. Abruf-datum: 13.05.2017.

Gröner, Uschi / Fleige, Markus (2015): Prozessorientierte Modellierung und Analyse mit dem ARIS-Tool. LIT Verlag, Münster 2015.

Hammer, Michael / Champy, James (2003): Business Reengineering – Die Radikalkur für das Unternehmen, 7. Auflage, Campus Verlag, Frankfurt/Main 2003.

Handelsblatt (2003: Größter Fall von Wirtschaftskriminalität in Deutschland - Weitere Anklagen im FlowTex-Skandal. Stand: 05.08.2003. URL: http://www.handelsblatt.com/unternehmen/industrie/groesster-fall-von-wirtschaftskriminalitaet-in-deutschland-weitere-anklagen-im-flowtex-skandal/2263498.html. Abrufdatum: 15.05.2017.

Haworth, Dwight. A. / Pietron, Leah R. (2006): Sarbanes–Oxley: Achieving Compliance by Starting with ISO 17799. in: Sipior, Janice D. (Hrsg.): Information Systems Management, 2006, Heft 23, S. 73-87.

Heinz, Robert (2011): Modellierung regelkonformer Prozesse mit Compliance Scopes, Dissertation Universität Stuttgart 2011, Stuttgart 2011.

Karlin, David (2015): IT-gestütztes Compliance Management für Geschäftsprozesse, Dissertation Universität Karlsruhe 2015, Karlsruhe 2015.

Kittel, Kai (2013a): Automatisierung von Compliance für agile Geschäftsprozesse – Ein modellbasierter Ansatz zur flexiblen Integration von Kontrollen in Workflows. Dissertation Martin-Luther-Universität zu Halle-Wittenberg 2013, Halle (Saale) 2013.

Kittel, Kai (2013b): Agilität von Geschäftsprozessen trotz Compliance. in: Wirtschaftsinformatik Proceedings, 2013, Heft 61, S. 967-981.

Klückmann, Jörg (2007): Geschäftsprozessdesign als Grundlage von Compliance Management, Enterprise Architecture und Business Rules. in: Organisation und Management, ibo Beratung und Training GmbH, 2007, o. S.

Knuplesch, David / Reichert, Manfred / Ly, Linh Thao / Kumar, Akhil / Rinderle-Ma, Stefanie (2013): Visual Modeling of Business Process Compliance Rules with the Support of Multiple Perspectives. in: Ng W., Storey V.C., Trujillo J.C. (eds) Conceptual Modeling. 2013. Lecture Notes in Computer Science, Springer, Heft 8217, S. 106-120.

Krcmar, Helmut (2015): Informationsmanagement, 6. Auflage, Springer-Verlag Berlin Heidelberg, 2015.

Kumar, Akhil / Liu, Rong (2008): A Rule-Based Framework Using Patterns for Business Process Compliance. in: Bassiliades N., Governatori G., Paschke A. (eds) Rule Representation, Interchange and Reasoning on the Web. RuleML 2008. Lecture Notes in Computer. 2008, Heft 5321, S. 58-72.

Lohmann, Niels (2013): Compliance by Design for Artifact-Centric Business Processes. in: Naumann, Felix / Shasha, Dennis / Vossen, Gottfried (Hrsg.): Information Systems, 2013, Heft 38, S. 606-618.

Lowis, Lutz (2011): Automatisierte Compliance-Prüfung von Geschäftsprozessen. Dissertation Albert-Ludwigs-Universität Freiburg im Breisgau 2011, Freiburg im Breisgau 2011.

Lu, Ruopeng / Sadiq, Shazia / Governatori, Guido (2007): Compliance Aware Business Process Design. in: International Conference on Business Process Management BPM 2007. Lecture Notes in Computer Science. 2007, Heft 4928, S. 120-131.

Ly, Linh Thao / Rinderle-Ma, Stefanie / Knuplesch, David / Dadam, Peter (2011): Monitoring Business Process Compliance Using Compliance Rule Graphs. in: 19th International Conference on Cooperative Information Systems (CoopIS 2011). 2011, o. S.

Mukund, Madhavan (1997): Linear-Time Temporal Logic and Büchi Automata. in: Winter School on logic & Computer Science, ISI Calcutta, 1997, S. 1-21.

Nüttgens, Markus / Rump, Frank J. (2002): Syntax und Semantik Ereignisgesteuerter Prozessketten (EPK). in: Desel, J. / Weske, M. (Hrsg.): Promise 2002 - Prozessorientierte Methoden und Werkzeuge für die Entwicklung von Informationssystemen - Proceedings des GI-Workshops und Fachgruppentreffens. 2002, S. 64-66.

Rath, Michael (2009): IT-Compliance – Erfolgreiches Management regulatorischer Anforderungen, Berlin, 2009.

Regierungskommission Deutscher Corporate Governance Kodex (Hrsg.) (o. J.): Deutscher Corporate Governance – Kodex, Stand o. J. URL: http://www.dcgk.de/de/kodex/aktuelle-fassung/vorstand.html.   Abrufdatum: 10.04.2017.

Rinderle-Ma, Stefanie / Mangler, Jürgen (2011): Integration of Process Constraints from Heterogeneous Sources in Process – Aware Information Systems. in: Nüttges, M. / Thomas, O. / Weber, B. (Hrsg.): Enterprise Modelling and Information Systems Architectures: Proceedings of the 4th International Workshop on Enterprise Modelling and Information Systems Architectures, EMISA 2011, 2011, S. 51-64.

Sackmann, Stefan / Kittel, Kai (2015): Flexible Workflows and Compliance: A Solvable Contradiction?!. in vom Brocke, J. / Schmiedel, T. (Hrsg.): BPM – Driving Innovation in a Digital World, Management for Professionals, 2015, S. 247-258.

Sackmann, Stefan (2008): Automatisierung von Compliance. in: Hildebrand, K. Meinhardt, S. (Hrsg.) HMD – Praxis Wirtschaftsinformatik, 2008, Heft 263, S. 39-46.

Sackmann, Stefan / Kähmer, Martin (2008): ExPDT: A Policy-based Approach for Automating Compliance. Wirtschaftsinformatik, 2008, Heft 50, S. 366-374.

Sackmann, Stefan / Kähmer, Martin / Gilliot, Maike / Lowis, Lutz (2008): A Classification Model for Automating Compliance. IEEE Conference on E-Commerce Technology (CEC'08), Washington, USA, 2008.

Sadiq, Shazia / Governatori, Guido / Namiri, Kioumars (2007): Modeling Control Objectives for Business Process Compliance. in: Alonso, G. / Dadam P. / Rosemann M. (Hrsg.): Business Process Management. BPM 2007. Lecture Notes in Computer Science, 2007, Heft 4714, S. 149-164.

Scheer, August-Wilhelm (2002): ARIS – Modellierungsmethoden, Metamodelle, Anwendungen, 4. Auflage, Springer-Verlag, Berlin Heidelberg 2002.

Schleicher, Daniel / Anstett, Tobias / Leymann, Frank / Mietzner, Frank (2009): Maintaining Compliance in Customizable Process Models. in: Meersman, Robert / Dillon, Tharam / Herrero, Pilar (Hrsg.): Lecture Notes in Computer Science, 2009, Heft 5870, S. 60-75.

Schleicher, Daniel / Leymann, Frank / Schumm, David / Weidmann, Monika (2010a): Compliance Scopes: Extending the BPMN 2.0 Meta Model to Specify Compliance Requirements. in: Service-Oriented Computing and Applications (SOCA), 2010 IEEE International Conference on SOCA, 2010, o. S.

Schleicher, Daniel / Anstett, Tobias / Leymann, Frank / Schumm, David (2010b): Compliant Business Process Design Using Refinement Layers. in: Meersman, Robert / Dillon, Tharam / Herrero, Pilar (Hrsg.): OTM Conferences, Lecture Notes in Computer Science, 2009, Heft 6741, S. 406-421.

Schlücker, Ina (2015): Standortwahl für Rechenzentren. Stand 2015. URL: http://www.it-zoom.de/it-director/e/standortwahl-fuer-rechenzentren-10777/. Abrufdatum: 04.05.2017.

Schneider, Uwe (2003): Compliance als Aufgabe der Unternehmensleitung. in: Paffenholz, Christina / Brandt, Peter / Braun, Kathrin / Groß, Eva / Grützner, Kerstin (Hrsg.): Zeitschrift für Wirtschaftsrecht, 2003, Heft 24, S. 645-650.

Schultz, Martin / Radloff, Michael (2014): Modeling Concepts for Internal Controls in Business Processes – An Empirically Grounded Extension of BPMN. in: Shazia Sadiq, Pnina Soffer und Hagen Völzer (Hrsg.): Business Process Management, Heft 8659, 2014, S. 184–199.

Schumm, David / Leymann, Frank / Streule, Alexander (2010a): Process Views to Support Compliance Management in Business Processes. in: Buccafurri F., Semeraro G. (Hrsg.): E-Commerce and Web Technologies. EC-Web 2010. Lecture Notes in Business Information Processing, 2010, Heft 61, S. 131-142.

Schumm, David / Leymann, Frank / Ma, Zhilei / Scheibler, Thorsten / Strauch, Steve (2010b): Integrating Compliance into Business Processes: Process Fragments as Reusable Compliance Controls. in: Proceedings of the Multikonferenz Wirtschaftsinformatik MKWI'10, 2010, S. 1-12.

Schumm, David / Turetken, Oktay / Kokash, Natallia / El Gammal, Amal / Leymann, Frank / van den Heuvel, Willem-Jan (2010c): Business Process Compliance through Reusable Units of Compliant Processes. in: Daniel, F. / Facca, F. M. (Hrsg.): Proceedings of the 1st International Workshop on Engineering SOA and the Web (ESW '10), 2010, Heft 6385, S. 325–337.

Seidlmeier, Heinrich (2006): Prozessmodellierung mit ARIS, 2. Auflage, Vieweg & Sohn Verlag, Wiesbaden 2006.

Seyffarth, Tobias / Kühnel, Stephan / Sackmann, Stefan (2016): "ConFlex - An Ontology-Based Approach for the Flexible Integration of Controls into Business Processes", in: Nissen, Volker / Stelzer, Dirk / Straßburger, Steffen / Fischer, Daniel (Hrsg.): Multikonferenz Wirtschaftsinformatik (MKWI) 2016: Technische Universität Ilmenau, 2016, Heft 3, S. 1341-1352.

Staud, Josef (2006): Geschäftsprozessanalyse: Ereignisgesteuerte Prozessketten und objektorientierte Geschäftsprozessmodellierung für Betriebswirtschaftliche Standardsoftware, 3. Auflage, Berlin, 2006.

Software AG (2013): ARIS Platform; Release 9.8, Stand: 2013. URL: http://documentation.softwareag.com/aris/platform_98sr2d/method_manual_aris_s.pdf. Abrufdatum: 11.05.2017.

Tilburg University (2008): COMPAS: D2.1 State-of-the-Art in the field of compliance languages. in: Compliance-driven Models, languages, and Architectures for Services. FP7 Project Cosortium, Tilburg.

Vetter, Eberhard (2009): Compliance in der Unternehmerpraxis, in: Wecker, Gregor / van Laak, Hendrik (Hrsg.): Compliance in der Unternehmenspraxis, 2. Auflage, Wiesbaden, 2009, S. 33-48.

vom Brocke, Jan / Simons, Alexander / Niehaves, Björn / Riemer, Kai / Plattfaut, Ralf / Cleven, Anne (2009): Reconstructing the giant. On the importance of rigour in documenting the literature search process, in: 17th European Conference on Information Systems (ECIS 2009), Verona 2009, S. 1-13.

Webster, Jane / Watson, Richard T. (2002): Analyzing the past to prepare for the future. writing a literature review. in: MIS Quarterly, Heft 26, S. 13-23.

Witt, Sören / Feja, Sven / Speck, Andreas / Prietz, Christian (2012): Integrated Privacy Modeling and Validation for Business Process Models. in: Proceeding EDBT-ICDT '12 Proceedings of the 2012 Joint EDBT/ICDT Workshops, 2012, S. 196-205.

Zur Muehlen, Michael / Rosemann, Michael (2005): Integrating Risks in Business Process Models. in: Campbell, B / Underwood, H / Bunker, D (Hrsg.): 15th Australasian Conference on Information Systems ACIS, 2005, o. S.

VI Anlagen

Anlage 1: Kaufanfrageprozess mit Kontrolltags[185]

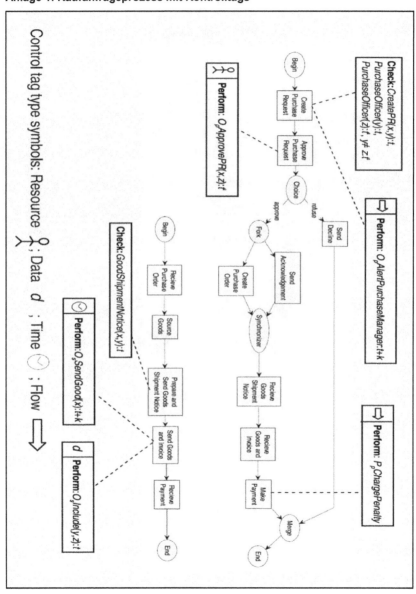

[185] Sadiq et al. (2007), S. 161.

Anlage 2: Beispielprozess für Kontrollfluss (eigene Darstellung in ARIS Architect & Designer 9.8)

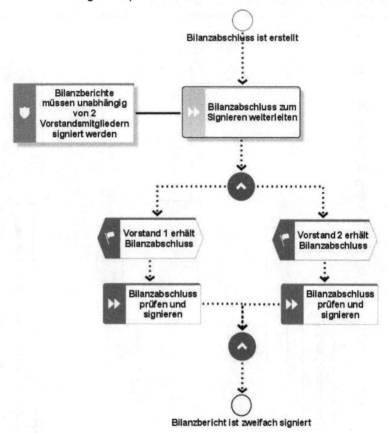

Bilanzabschluss ist erstellt

Bilanzberichte müssen unabhängig von 2 Vorstandsmitgliedern signiert werden

Bilanzabschluss zum Signieren weiterleiten

Vorstand 1 erhält Bilanzabschluss

Vorstand 2 erhält Bilanzabschluss

Bilanzabschluss prüfen und signieren

Bilanzabschluss prüfen und signieren

Bilanzbericht ist zweifach signiert